Dife Tèt Chaje a
Se
Dife Tou Limen Nimewo 16

Pastè Renaut Pierre-Louis

Si w bezwen enfòmasyon sou liv yo ak brochi nou ekri yo, ou kap kontakte nou nan adrès sa yo :
Peniel Southside Baptist Church
P.O. Box 100323
Fort Lauderdale, Fl 33310
Phone: 954-242-8271
954-525-2413
Fax: 888-972-1727
Website :www.penielbaptist.org
Website :www.theburningtorch.net
E-mail:renaut@theburningtorch.net
E-mail :renaut_cyrille@hotmail.com

Copyright © 2019 by Renaut Pierre-Louis
Tout dwa sou liv sa rezève @ Rév. Renaut Pierre-Louis

Atansyon : Se yon bagay ki kont la lwa si yon moun ta kopye liv sa ou byen yon pati nan liv sa nan nenpòt kèk fason, ke se swa nan enprimri, ou fòto, ou CD san w pa gen otorizasyon ekri sou papye de lotè liv la.

Liv nou yo ekri nan twa lang toujou : Franse, Angle ak Kreyol. Nou kap achte yo nan adrès sa yo :

Michel Joseph:
192-21 118 Rd St Albans, N.Y. 11412
Phone: 917-853-6481   718-949-0015

Rév. Julio Brutus:
504 Avenue I SE
Winter Haven, FL 33880
P.O. Box. 7612 Winter Haven, FL 33883
Phones: 863-299-3314; 863-651-2724

Rev. Edouard Georcinvil
725 NE 179th Terr N. Miami Bch, FL 33162
Phones: 305-493-2125; 305-763-1087

Rév. Evans Jules:
Eglise Baptiste Bethel
5780 W. Atlantic Ave   Delray Beach FL 33484
Phones : 561-452-8273 ; 561-498-2855

Iliana Dieujuste
2432 Indian Bluff Dr   Dacula, GA 30019
Phones: 954-773-6572 ; 954-297-4656

Dife 16 Seri 1

Mistè ki genyen nan Kwaa

Avangou

Kant nap pale de mistè ki gen nan Kwaa, nou vle w konprann ke se te yon siy ki vle di ke gen yon jou pou tout pèp Izrayèl la fè yon sèl. Se sa nou jwen nan yon pwofesi pwofèt Ezekyèl te fè kant li tap pale de 2 moso bwa yonn pou Jida e lòt la pou pitit Izrayèl yo. Eze.37 : 15-22

Nan menm pwofesi saa, Letènèl antre payen yo ladan tou, paske li te vle fè gras a tout nasyon sou tè a, ni jwif, ni payen daprè pwomès li te fè ak Abraram, ki te premye payen ki te vinn jwif. Jenèz. 12 :3

Jezi vin bay pwofesi saa pi bon gou kant li te di :
« Pou mwen menn, kant na wè pye m pa touche tè, lè saa mwen va atire tout moun a mwen. Sa te rive kant yo te monte l sou bwa Kalvèa pou yo krisifye l. Jan.12 :28

Puiske Bondye mete non nou nan plan Sali a, nou ta swate ke pèson pa refize envitasyon l, ni pinga yo di yap tann Bondye rele yo. Li rele w déjà. Se ou menm lap tann. Vin pran tikè pou la vi etènèl la. Randevou a se nan pye mòn Kalvè a.

Pastè Renaut Pierre-Louis

Leson 1 Kwaa, se katdidantite yon kretyen

Tèks pou prepare leson an : Jenèz. 50:15-21; Sòm1 :1 ; Mat.11:28-29; 24:13; Lik. 9:23; Jan.15:15; Rom.12:3; 1Kor.6:19; 15:33; Gal. 2:20; Fil.3:13;

Vèsè pou li nan klas la : Lik.9:23-26
Vèsè pou resite : Epi li di yo tout: Si yon moun vle mache dèyè m', se pou li bliye tèt li. Se pou li chaje kwa l' sou zèpòl li chak jou, epi swiv mwen. Lik.9:23
Fason pou fè leson an : Diskou, konparezon, Kesyon
Bi leson an: Pale de kwaa tankou se te inifòm chak kretyen.

Pou komanse
Si nou ta vle di, gen yon kòlonn oganizasyon ki mande manm yo pou yo mete inifòm. Se yon fason pou rekonèt ki moun moun nan ye nenpòt kote l ye. Nan zafè Levanjil la, Jezi bay nou yon inifòm tou : se kwaa li mande tout moun kap siv li pou yo pote sou zepòl yo.

I. Pouki rezon kwa saa ?
1. Li mande pou tout disip li yo pote l san eksèpsyon. Lik. 9 :23
   Ou pa gen dwa kretyen pou w refize pote kwaa. Moun pa wè l ak 2 zye yo, men yo dwe santi si ou pote l tout bon nan vi w.
2. Se pa ou menm ki gen dwa chwazi kwa ou vle pote. Se mèt la menm ki pran mezi w, pou l bay ou sila ki bon pou w. Apre sa li di w : « Pote jouk mwen sou ou. Mat.11 :29
3. Kwa saa chanje atitid ou e li fè w konpòte yon lòt jan. Gal.2 :20

II. Ki sa pou w fè pou w pote l byen ?

1. Fòk ou asèpte pote l san poze Jezi kesyon.
   Lik.9 :23
2. Fòk ou renose a tèt pa w:
   a. Renonse a dezi w. Gal.2 :20
   b. Renonse a pwogram pa w. 1Kor.6 : 19
   c. Renonse a yon seri de moun ou te konn frekante.
      1Ko.15 :33 ; Sòm1 :1
   d. Renonse a gwo lide ou te genyen nan tèt ou.
      Rom.12 :3
   e. Fòk ou asèpte swiv li san ou pa gen je toupatou.
      Sòm31:16; Gal. 2:20 ; Fil.3 :13

III. E ki sa ou va benefisye?

1. Li va chanje an byen tout sa ki ta mal pou w.
   Jenèz. 50 :20
   Li va vinn yon ansosye pou w nan biznis ou.
   Jan.15 :15
2. Li va beni pèseverans ou. Mat.24 :13

Pou fini

Zanmi m, sa pa vle di ke ou pap janm gen move moman nan vi w. Sèlman gen fwa nan Bondye e kenbe kwaa. Jezi ap la pou soutni w. Kenbe fè m jis ou mouri. Mat. 11 :29

Kesyon

1. Ki sa Jezi mande disip li yo ?
    a. Li mande yo pou yo pote kwaa
    b. Pou yo bliye tèt pa yo
    c. Pou yo siv li san gade dèyè.

2. Ki jan pou w chwazi kwa pa w la?
   Ou pa gen dwa chwazi kwa. Se Jezi ki pran mezi w e ki bay ou yon kwa pou w pote.

3. Ki jan pou w fè pou w rekonèt disip ki pote kwa saa ?
   Se kant ou wè atitid li ak jan li mache a chanje lapoula.

4. Ki jan Jezi rantre nan la vi yon disip li ?
    a. Li ansanm avè l chak jou Dye di jou.
    b. Li chanje an byen tout sa ki tap mal pou li.
    c. Li beni pèseverans li.

Leson 2 Kwaa se katdidantite yon kretyen (rès la)

Tèks pou prepare leson an : Sòm 42 : 8 ; Mat.11 :28-29 ; Tra.11 :26 ; 1Kor.9 :24-27 ; 2Kor.6 :7-10 ; 12 :10 ; Gal.6 :17

Vèsè pou li nan klas la : 2Kor.6 :4-10

Vèsè pou resite : Mwen aji di ak kò m', mwen kenbe l' kout, pou mwen menm yo pa voye m' jete apre mwen fin moutre lòt yo sa pou yo fè. 1Kor.9 :27

Fason pou fè leson an : Diskou, konparezon, kesyon

Bi leson an : Ankouraje kretyen yo pou yo pa pèdi lafwa nan moman difisil yo.

Pou komanse

Yo toujou di ke yon kretyen tout bon se yon sòlda Jezikri li ye. Depi li anwole nan lame Kris la, li dwe swiv li toulejou.

I. **Ki jan nou ka wè sa ?**
   1. Li pote mak Jezi sou li. Gal.6 :17
   2. Ou ka wè sa nan atitid li, nan reyaksyon l, lè li nan pwoblèm. 2Kor.6 : 7-10
   a. Lè li fèk konvèti, li yon kretyen san eksperyans. De tanzantan lap resevwa enstriksyon pou misyon Bondye rele l fè a. Mat.11 :28-29
   b. Gen yon jou kap rive, li vin yon kretyen vanyan, byen matrite. 1Kor.9 :24,27
   3. Menm moun ki pa konvèti kap wè sa. Tra. 11 :26

II. **Ki lè sa ap rive?**
   Kan li sonje bay Bondye glwa menm lè li nan zafè pa bon, lè lap soufri poutèt Jezikri. 2Kor.12 : 10

III. Ki jan ?

1. Kant li rive pran pèsekisyon tankou se te yon espò, yon egzèsis. Lè li soufri anpil, li gen plis rezistans. 1Kor.9 :27
2. Moun nan ki ekri Sòm 42 a di konsa : Tout gwo vag yo ak tout gwo dlo yo pase sou mwen.» Sòm42 :8 Konsa li pran pèsekisyon yo tankou se masaj ke Bondye ap bay li pou fè vi l nan Kris vin pi bèl.

Pou fini

An nou bat pou nou viv tankou bon sòlda Jezikri. Yon jou tankou jodia, li va medaye nou nan wayòm li ki gen pou vini an.

Kesyon

1. Ak ki moun nou kap konpare yon kretyen ?
   Ak yon sòlda

2. Koman pou w fè pou w rekonèt yon Kretyen ?
   a. Gras a remak Jezikri nan vi li.
   b. Nan fason li reaji lè move tan la vi a vin frape l.
3. Ki lè sa rive ?
   Kan li bay Bondye glwa nan mitan soufrans lap sibi poutèt Jezikri.

4. Ki jan sa pra l parèt ?
   Kan li va pran soufrans yo tankou se te yon èspò, tankou yon egzèsis.

5. Ki jan moun ki ekri Sòm 42 a pran soufrans kap frape nou dri pou lè ? Li pran yo tankou se te masaj Bondye ap bay nan vi èspirityèl nou.

Leson 3 Kwaa tankou yon pon ant syèl la ak tè a

Tèks pou prepare leson an : Lik.9 :23 ; Jan.14 :6 ; Tra.16 :31 ; Rom.3 :23 ; 2Kor.5 :19 ; 1Tim.2 :4-5
Vèsè pou li nan klas la : Jan14 :1-6
Vèsè pou resite : Se yon sèl Bondye a ki genyen. Se yon sèl moun tou ki mete lèzòm dakò ak Bondye ankò, se Jezi, Kris la. Se li menm ki te asepte mouri pou tout moun ka sove. 1Tim.2 :5-6a
Fason pou fè leson an : Diskou, konparezon, Kesyon
Bi leson an : Rekonèt Jezi tankou sèl manedjè nan relasyon nanm nou ak Bondye.

Pou komanse

Pou wout nou yo kap bon, yo pa tap janmen fini byen si yo pat wete gwo obstak ki gen nan yo. Sepoutèt sa li nesesè pou yo fè pon.

I. Pou byen di, ki sa yon pon ye?

Se yon mwayen mekanik lezòm fè pou pase sou yon rivyè, sou wout difisil ou byen pou evite yon chemen d fè. Pon konn sèvi tou pou limit ant 2 peyi ki vwazen.

II. Eske gen lòt sans nou kap pale ankò de pon ?

1. Men wi. Pap la deklare ke li menm se pi gwo pon an ant lezòm ak Bondye. Sa vle di, si Bondye prezidan, li menm li vis prezidan.
2. Men ki sa bib la menm di?
   Jezi di ak bouch ke se li ki sèl chemen an. Pèson pa kap wè papa a san ou pa pase pa li. Bib la pa janmen pale de Lepap kan se kesyon de nanm moun ki gen pou sove. Jan.14 :6

a. Pòl mete piman nan koze a kan li di : « Se sèl Jezikri Bondye mete ki fè pon ant li menm ak lezòm. 1Tim.2 :4-5
b. Lakwa Kalvèa se yon pon rekonsilyasyon ant nou menm pechè pèdi ak papa Bondye. 2Kor.5 : 19

III. Nan ki kondisyon pou nou travèse pon saa?

1. Nou dwe asèpte ke nou menm se pechè pèdi nou ye. Rom.3 :23
2. Nou dwe kwè nan Jezi pou sèl Senyè ak Sovè tou. Tra.16 :31
3. Nou dwe asèpte pote kwaa menm jan li te pote l tou. Konsa nou va
   sanble avè l. Lik.9 :23
4. Se pa yon kesyon de Legliz, ni relijyon, ni ras, ni nasyonalite, ni opinyon politik nou. Se konsa Bondye deside l. Lik.9 :23

Pou fini

Eske wap asèpte pase sou pon saa ? Mwen ta konseye w pou w pran Jezi tankou pon an pou w gen lavi ki pap fini an. Tanpri pa rete!

Kesyon

1. Ki sa yo fè ak yon pon ?
   Li jwenn de (2) kote yonn ak lòt.

2. Ki sa ki pon pou nanm nou jwen ak Bondye?
   Sèlman Jezi

3. Ki kote nou jwen pon sa? Sou bwa kalvè

4. Ki sa nou dwe fè pou nou pase sou pon saa ?
   a. Nou dwe asèpte ke nou pèdi akòz peche nou.
   b. Nou dwe pran Jezi pou Senyè ak Sovè nou.
   c. Nou dwe asèpte pote kwaa chak jou.

5. Eske nou kap egzante l. ? Non. Se Jezi ki deside l konsa

Leson 4   Kwaa tankou yon nepe pou bay viktwa

Tèks pou prepare leson an : 1Sam. 16 :7 ; Sòm139 :5 ; Mat. 6 :1-18 ; 27 :3 ; Lik.9 :23 ; Jan.13 :27-32 ; 1Kor.1 :23 ; 15 :57
Vèsè pou li nan klas la : 1Kor.1 :18-23
Vèsè pou resite : Pawòl ki fè nou konnen jan Kris la mouri sou kwa a, se pawòl moun fou pou moun k'ap peri yo. Men, pou nou menm ki delivre yo, se pouvwa Bondye. 1Kor.1 :18
Fason pou fè leson an : Diskou, konparezon, Kesyon
Bi leson an : Pale de bagay estraodinè kwaa ka fè.

Pou komanse
Pa kap gen viktwa san ou pa goumen. Pa kap gen goumen san moun ki pou kase batay la. Se konsa sa ye. Tout kretyen dwe gen kwaa pou l lite.

I. Kwaa fè nou sanble ak Kris :
1. Kwaa se drapo kretyen an ki anwole nan gran lame Kris la. Lik. 9 :23
2. Nou pap mache pou na l nan lagè, men nou la pou bat bravo pou Kris ki déjà gen viktwaa pou nou. 1Kor.15 :57
3. Nou la pou selebre viktwa saa ak lwanj nap fè pou Jezi ki chanpyon depi sou bwa Kalvè a. 1Kor.15 :57

II. Kwaa se defi nou bay Satan

1. Kretyen mache dèyè kwaa. Jezi li menm vlope kretyen an toupatou epi li mete men l sou tèt li. Sòm.139 :5
   a. Nan jan de pozisyon saa, Dyab la ap mal pou wè l.
   b. Se sèlman nan pozisyon sa tou kretyen an kap fè gran banda pou l di ke se Jezi sèl li konnen ki te krisifye pou li. 1Kor.1 :23
2. Se la devan kwaa Satan konnen l pèdi batay. « Depi menm lè Jida pran pen an li tranpe l nan diven an, Satan te déjà chita nan kè l pou al livre Jezi.». Jan13 :27 ; Mat.27 :3
   a. Depi Jida fèk vire do, Jezi di disip yo ke lè a rive pou li antre nan glwa li. Jan.13 : 31-32
   b. Sa pa nesesè pou w pote yon kwa sou potrin ou tankou se yon siy pou bay ou pwoteksyon. Se zafè bigo yo. Bondye pa gade moun sou aparans men li gade sou kè nou. 1Sam.16 :7
   c. Sa pa nesesè pou w fè siy kwaa ni pou w bo li. Sa se fanatik relijyon. Mat.6 :1-18

Pou fini

Si w ta vle gen kwaa tankou yon siy pou proklame viktwa w, se pou asèpte pote soufrans pou Kris nan vi w, konsa yon jou wa fete avè l nan syèl la.

Kesyon

1. Ki premye pwensip pou gen viktwa ? Ou dwe lite

2. Ki rezon kretyen genyen pou l konbat ? Pou l selebre viktwa li déjà genyen nan Kris

3. Ki jan de sèvis kwaa rann nou?
   a. Li fè nous sanble ak Kris
   b. Li pase Satan nan tenten.

4. Ki pozisyon kretyen an ak kwaa?
   Li dwe mache dèyè kwaa.

5. Ki pozisyon Kris vizavi kretyen an?
   Li antoure l.

6. Sa ki kòz Satan pè kwaa?
   Se devan kwaa li konnen li pèdi batay e konsa lap tann jijman l.

7. Ki sa yon kretyen pa dwe fè ak kwaa ?
   Li pa dwe pote yon kwa sou lestomak li. Sa se sipestisyon.
   a. Li pa dwe fè siy kwaa. Sa se fanatik
   b. Bondye pa kraponen pa aparans. Li sèlman gade si kè nou sensè.

8. Ki jan de kwaa kretyen an pote ? Se tout soufrans lap sibi a kòz non Kris.

Leson 5 Kwaa tankou siy ki bay viktwa

Tèks pou prepare leson an : Jan.1 :29 ; 3 :16 ; Ef.2 :3 ; Kol.2 : 9-17 ; Eb.10 :4 ; 1Jan1 :7
Vèsè pou li nan klas la : Kol.2 :14-17
Vèsè pou resite : Avèk Kris la ki mouri sou kwa a, Bondye wete tout pouvwa ak tout otorite lespri yo te genyen nan lemonn. Li fè tout moun wè sa yo ye. Li fè yo mache tankou prizonye devan Kris la ki te genyen batay la. Kol.2 :15
Fason pou fè leson an : Diskou, konparezon, Kesyon
Bi leson an : Bay prèv de gro pisans ki genynen nan kwa Kris la.

Pou komanse
Nan dat 28 Oktòb 312 Kornstantin fè yon batay kont vil Maxence nan peyi Litali. Lè jounen an preske fini, li wè nan syèl la yon kwa ak pawòl sa yo sou tèt li: « Wap ka gen viktwa ak kwa sa. » Depi lè sa li konvèti. Eske la kwa se pa drapo yon kretyen ?

I. Sa drapo a vle di ?
1. Li ka vle di viktwa ou genyen sou lènmi w. li ka vle demontre ke ou gen libète, Li ka vle di tou ke gen san anpil solda ki te koule pou bay yon peyi endepandans.
2. Yon lòt fason ankò, li kap vle di dwa yon pèp genyen pou l gouvènen tèt li, pou l gen rapò diplomatik ak lòt peyi pandan ke lap rèspèkte Dwa tout lòt peyi yo tou.

II. Kwaa se li ki drapo kretyen an

1. Se sou bwa kwaa Bondye te kontante jistis li, pou ke ni jwif ni payen te jwen padon pou peche yo. Jan.3 :16
   a. Depi sakrifis san Jezi te fèt sou kwaa, pa gen kesyon touye bèt ankò pou peye domaj peche. Eb.10 :4
   b. Jezikri se ti mouton Bondye ofri a ki vinn wete peche pou tout moun. Jan. 1 :29
   Li vinn wete peche Adan nou te gen nan san nou an ki te kondanen nou tout. Ef.2 : 3 ; Kol.2 :14

III. Ki sa nou anrevwa ak san Jezikri ?

San li netwaye nou de tout peche pèsonèl nou ke nou komèt dapre tandans nou. Men Bondye vini ak Jezikri pou fè nou gras pou tout ofans nou yo. Kol.2 :13 ; 1Jan1 :7

Pou fini

Mwen ta konseye w vin pran viktwa sa nou jwen sou kwaa, si w ta vle pa janmen parèt devan tribinal Kris la pou sibi dènye jijman an.

Kesyon

1. Ki jan e ki lè Konstanten te gen viktwa sou Maxence? Se te nan dat 28 Oktòb nan lane 312, li te wè nan syèl la yon kwa ki te gen pawòl sa yo ekri sou tèt li : « Si ou pran kwa saa, wap gen viktwa »

2. Et ki sa l te fè ? Li te konvèti. Li vin kretyen.

3. Ki sa yon drapo vle di?
   Li vle di viktwa ak libète.

4. Pouki sa nou di ke kwaa se drapo kretyen an?
   a. Se sou kwaa Bondye te kontante jistis li pou peye dèt peche pou tout moun.
   b. Se sou kwaa Jezikri te peye dèt peche pou Adan ak tout pitit Adan.

5. E ki wòl san Jezi genyen nan Sali nou ?
   a. Li pirifye nou de tout peche nou komèt dapre feblès nou gen nan la vi nou.
   b. Bondye padonen nou pou yo tout lè nou vin konvèti.

Leson 6 Kwaa se tankou yon siy pou fè adisyon

Tèks pou prepare leson an : Mat.5 :16 ; Jan1 :35-45 ; Tra 2 : 41 ; 4 : 4 ; 12 :26 ; 1Ko.1 :23 ; 2Kor.5 :17 ;
Vèsè pou li nan klas la : 1Kor.1 :18-25
Vèsè pou resite : Anpil ladan yo te kwè sa Pyè t'ap di a, yo te resevwa batèm. Jou sa a, te gen twamil (3.000) moun konsa ki te mete tèt yo ansanm ak disip yo. Tra.2 :41
Fason pou fè leson an : Diskou, konparezon, Kesyon
Bi leson an : Prezante kwaa tankou yon mesaj pou sove nanm pèdi yo.

Pou komanse
Depi ou mete yon kwa kanpe, li tou sanble ak yon siy pou fè adisyon. Koman nou kap montre konparezon saa?

I. Devwa yon kretyen se pou l anonse Kris. Ki jan?
1. Nan temwayaj li devan tout moun. Mat. 5 :16
   a. Tout moun sa yo kap rann temwayaj ke ou konvèti tout bon vre. Tra.11 :26
   b. Yo dwe pou wè ke ou pran Bondye oserye. Moun pa kapab fè w fè tenten. 2Kor.5 :17
2. Nan ti koze ak zanmi e ak moun li konnen:
   a. Jan mennen Andre bay Jezi. Jan.1: 35, 41
   b. Andre menm, li mennen frè li Pyè bay Jezi. Yo tout se te pechè pwason yo te ye. Jan1: 41-42
   c. Filip mennen Natanayèl. Jan1 :45
      Sa pa te pran tan pou yon jou, Pyè mennen 3000 moun bay Jezi. Kantite te vin 5000 lapoula. Tra 3 : 41 ; 4 :4

3. Nan mesaj pawòl la.
   a. Kretyen yo la pou preche e anseyen Pawòl la.
   b. Mesaj la dwe pote sou Jezikri. 1Kor.1 : 23

Pou fini
Si ou wè ke ou pa kapab genyen yon nanm pou Kris, se pou w poze tèt ou kesyon pou w mande si w konnen Kris e si ou konvèti tout bon vre.

Kesyon

1. Ak ki sa kwaa sanble ?
   Ak yon siy adisyon.

2. Pou ki rezon nou preche mesaj ki base sou kwaa ?
   Pou fè tout moun konnen Jezi.

3. Ki metòd kretyen an kap anplwaye pou prezante mesaj saa ?
   a. Li kap temwaye fwa l devan tout moun.
   b. Li kap rete fèm nan konviksyon l kòm kretyen
   c. Li kap demontre yon vi chanje e livre a Kris.

4. Ki metòd ki pi senp pou prezante mesaj la?
   Ou prezante l a zanmi w, a moun ou byen ak yo.

5. Bay nou twa egzanp :
   Jan mennen Andre, Andre mennen Pyè. Filip mennen Natanayèl.

6. Ki sa nou dwe jwenn nan mesaj la ?
   Li dwe pou l chita sou Kris sèlman.

Leson 7   Kwaa, tankou yon siy miltiplikasyon

Tèks pou prepare leson an : Mat.28 :20 ; Tra.4 :3-4, 19-20 ; 5 :41 ; 6 :7 ; Fil.1 :14 ;
Vèsè pou li nan klas la : Tra.4 :1-4
Vèsè pou resite : Frè yo menm, bò pa yo, lè yo wè m'nan prizon an, pifò ladan yo vin gen plis konfyans toujou nan Seyè a. Sa ba yo plis kouraj koulye a pou fè konnen pawòl Bondye a san yo pa pè anyen. Fil.1 :14
Fason pou fè leson an : Diskou, konparezon, Kesyon
Bi leson an : Se montre ke pèsekisyon se yon mwayen Bondye li menm li anplwaye pou netwaye Legliz li.

Pou komanse
« Gen yonn nan fondatè legliz yo ki rele Tertilien, li di konsa : « Plis kretyen yo maltrete pou levanjil, plis moun vin konvèti » Nou ta renmen konnen ki jan kretyen yo konpòte yo nan tan yap soufri pèsekisyon.

I. Men sa yo fè : Yo kenbe fwa yo nan Jezikri
1. Yo santi yo pi fò pou yo preche Levanjil. Fil.1 : 14
2. Yo pito dezobeyi chèf yo pou fè volonte Bondye sèlman.
Tra.4 :19-20

II. E ki sa ki pase menm lè a?
1. Moun konvèti pa bann e pa pakèt. Tra.4 : 3-4
2. Apòt yo kontan lè yap plede bat yo pou tèt Jezikri. Tra.5 :41

III. E ki sa nou jwenn apre sa ?
1. Moun ki fèk konvèti yo soti pou al preche Levanjil. Tra.8 :4

2. Moun konvèti an kantite. Tra.5 :14
3. Ata yon kòlonn sakrifikatè, yo kite zafè Lwa ak Saba pou yo konvèti tou nan Levanjil. Tra. 6 :7
4. Levanjkil la janbe lanmè pou vinn jwen nou jis isit la.
Mat.28 :19-20
5. Yo pèsekite kretyen yo akòs yo mete fwa yo nan Jezikri
   a. Legliz Katolik fè boule yo nan gwo boukan dife. (*Istwa legliz*)
   b. Nan peyi Lafrans, katolik yo touye plis ke 10,000 kretyen. Malgre tou, kretyen yo kenbe fèm nan Jezikri. (*Istwa legliz*)

IV. Ki jan yo te fè pou kenbe fwa yo nan Kris la ?
1. Se gras a Jezi ki te toujou la ak yo. Mat.28 :20
2. Yonn pran fòs nan lòt kant yo wè ke malgre tou, se pa de moun kap konvèti. Tra. 4 :1-4

Pou fini
Kant la fwa komanse disparèt, kantite kretyen yo pran diminye tou. Eske ou kontan kan ti gwoup nou ye a pa gwosi ?

Kesyon

1. Ki moun ki te di « Plis kretyen maltrete pou levanjil, plis moun vin konvèti ». Tertulien, yonn nan fondatè Legliz yo.

2. Ki jan kretyen yo konpòte yo nan tan gen pèsekisyon pou Levanjil?
    a. Yo santi yo pi fò pou yo preche Levanjil. Fil.1 : 14
    b. Yo pito dezobeyi chèf yo pou fè volonte Bondye sèlman.

3. E ki sa ki pase menm lè a?
    a. Moun konvèti pa bann e pa pakèt. Ac.4 : 3-4
    b. Apòt yo kontan lè yap plede bat yo pou tèt Jezikri

4. E ki sa nou jwen apre sa ?
    a. Moun ki fèk konvèti yo soti pou al preche Levanjil.
    b. Moun konvèti an kantite.
    c. Ata yon kòlonn sakrifikatè yo kite zafè Lwa ak Saba pou yo konvèti tou nan Levanjil.
    d. Levanjkil la janbe lanmè pou vinn jwen nou jis isit la.
    e. Yo pèsekite kretyen yo akòs yo mete fwa yo nan Jezikri
    f. Legliz Katolik fè boule yo nan gwo boukan dife. (Istwa legliz)
    g. Nan peyi Lafrans, Legliz katolik fè touye plis ke 10,000 kretyen. Malgre tou, kretyen kenbe lafwa

Leson 8 Lakwaa pou sove moun, se tankou yon avilisman pou jwif yo

Tèks pou prepare leson an : Det. 21 : 23 ; Mat.26 : 62-67 ; Lik.2 :8-12 ; 23 :33 ; 24 :13-21 ; Jan.19 :30 ; Tra.5 :30 ; Rom.8 :1 ; 1Kor.1 : 18-25 ; Gal.3 :13 ; 5 :11
Vèsè pou li nan klas la : 1Kor.1 :18-25
Vèsè pou resite : Paske, sa ki sanble yon bagay moun fou Bondye ap fè a, li pi bon konprann pase bon konprann lèzòm. Sa ki sanble yon feblès Bondye ap moutre, li pi fò pase fòs lèzòm. 1Kor.1 : 25
Fason pou fè leson an : Diskou, konparezon, Kesyon
Bi leson an : Se montre sajès Bondye nan zafè kwa saa ki rete yon mistè.

Pou komanse
Nan tan Jezikri tap viv la, Romen yo te konn krisifye kriminèl yo. Konsa dapre jwif yo, lè yo krisifye yon moun, se te yon gwo avilisman. Pouki sa ?

I. **Jwif yo menm tap tann Mesi a. Men ki Mesi ?**
   1. Yo tap tann yon Mesi nan politik ki tap vin retabli wayòm David la jan li te ye nan tan lontan. Nan ka saa, fòk Mesi sa ta wete toudabò gouvèman romen an nan mitan yo.
   2. Dapre yo, yon moun yo pandye sou yon kwa pa tap janm kapab pitit Bondye. Li ta kapab pi vit yon blofè. Men pwoblèm nan !

II. Dapre yo, Sali moun pa tap janm ka soti nan yon moun yo krisifye. Romen yo mete Jezi sou kwa. Pouki yo pat fè {Pòl sa ? Se paske {Pòl te yon Romen, e Romen pa janm krisifye Romen kanmarad yo.

III. Koman Bondye li menm wè ka saa ?

1. An nou wè yon pitit Bondye ki fèt nan yon pak zanimo, kote ki pi baa. Lik.2 :7
2. An nou wè yon nonm ki Bondye tou, kap pran lanmò ki pi degradan an. Mat.27 :44. Men pouki sa mezanmi?
   a. Se paske moun yo pandye sou kwa yo modi dapre sa bib la di. Det.21 :23
   Konsa Jezi asèpte pote malediksyon nou pou sove menm moun nan ki pi gran kriminèl la. Tra. 5 :30 ; Gal.3 :13 ; Ro. 8 :1
   b. Li te vle atire tout moun a li menm. Jan.12 :32
   Se sa nou rele foli Bondye a ki pi saj pase sa lòm ap panse. 1Kor.1 :23

Pou fini

Depi kounyeya, sispann fè jefò pou w sove. Jezi déjà fè l pou w avan l mouri. Vini jwen li pito. Jan19 :30

Kesyon

1. Nan tan Women yo ki fason yo te konn pini kriminèl yo?

   Yo te konn krisifye yo

2. Pouki rezon Jwif yo pat pran Jezi pou Mesi a ?
   a. Yo tap tann yon Mesi politik ki ta pou jete gouvèman Romen an e monte gouvènman David la.
   b. Yo pat ka kwè ke pitit Bondye a ta rive krisifye tankou yon malfetè.

3. Ki jan Bondye li menm li konsidere ka saa ?
   a. Jezikri se pitit li ki te fèt nan kote ki pi baa
   b. Jezikri se moun e li se Bondye tou ki pran plas pi gwo malfetè a.

4. Pouki sa nou di ke se mò sa ki pi lèd la ?
   a. Se paske se te sèl kriminèl yo te konn pandye sou bwa.
   b. Jwif yo pat konn krisifye kriminèl. Sa pat nan kilti yo.

5. Koman {Pòl rele jan lanmò sa yo bay Kris la? Se foli Bondye ki pi saj pase lezòm.

6. E pouki sa yo pat krisifye {Pòl tou ? Se paske li te sitwayen romen.

Leson 9 Ki jan payen yo pran zafè kwaa

Tèks pou prepare leson an : Jen.12 :1-3 ; Mak.16 :17-18 ; Lik. 13 :1-5 ; Jan14 :16 ; Tra.13 : 47-48 ; 20 :28 ; 1Kor.1 :18-31 ;
Vèsè pou li nan klas la : 1Kor.1 :18-25
Vèsè pou resite : Men nou menm, n'ap fè konnen Kris yo te kloure sou kwa a. Pou jwif yo, sa se yon wòch k'ap fè yo bite. Pou moun ki pa jwif yo, sa se bagay moun fou. 1Kor.1 :23
Fason pou fè leson an : Diskou, konparezon, Kesyon
Bi leson an : Montre ki jan Bondye fè yon demach pou sove payen yo.

Pou komanse
Si nap gade yon kwa, eske nou kwè moun ta fè yon bann komantè sou li ? Pou Jwif yo se yon avilisman ; pou payen, se bagay moun fou! Pouki sa payen yo rele l bagay moun fou?

I. **Men sa payen yo nan tan Jezi a te panse.**
   1. Pou yo menm, zafè moun yo krisifye a, se yon lanmò tankou tout lanmò. Li pa gen okenn rapò ak Sali nanm moun.
   2. Pou yo menm, Jezi mouri pou tèt pa l. Se bagay kap fèt chak jou.

II. **Men sa payen jodia panse.**
   Zafe Jezi mouri sou kwa, se pwoblèm Jwif yo. Yo pa gen anyen pou wè nan sa.
   1. Poutan premye payen ki te konvèti se te Abraram. Jen.12 : 1
   2. Se ak Abraram Bondye te deside komanse yon gran nasyon. Jen. 12 :2

3. Gran nasyon saa ta gen pou li reskonsab fè tout moun alawonnbadè konnen ki moun Bondye ye. Tra.13 :47-48
Se Izrayèl li te chwazi pou misyon saa, men Izrayèl pat fè djòb saa. Se poutèt sa li voye Jezikri. Se li menm ki vini pou li bati Legliz li ak pwòp san li pou fè sa Izrayèl pat fè a. Tra.20 :28
   a. Li bay Legliz li pouvwa Sentespri pou fè misyon saa. Jan.14 : 16
   b. Se konsa apòt yo ak tout lòt kretyen yo fè mirak, chase demon, geri malad, defèt pwazon sèlman ak non Jezikri. Se bagay sa yo ak anpil lòt ankò ke pèson pa kap nye, ke nou jwen nan Levanjil la. Mk.16 : 17-18

Pou fini

Konnen byen ke sa lòm ap panse pa gen anyen pou wè ak pisanss Bondye. Si yo ap pèdi tan diskite, lè yo gade, yo va jwenn yo nan dife lanfè. Mwen ta soupriye w zanmi, pa jwe ak Sali nanm ou. 1Ko.1 :18-35

Kesyon

1. Ki sa payen yo nan tan Jezi te wè nan lanmò Jezi sou kwaa?
   a. Dapre yo se yon lanmò tankou tout lanmò. Li pa gen okenn rapò ak Sali nanm moun.
   b. Pou yo menm, Jezi mouri pou tèt pa l. Se bagay kap fèt chak jou.

2. E ki sa payen jodia panse de lanmò Kris sou kwaa ?
   a. Pou yo se bagay ki regade Jwif yo.
   b. Sa pa antre nan kilti yo.

3. Ki sa yo ta dwe konnen ?
Lanmò Jezikri te fèt pou regade yo kan menm e men pou ki rezon :
   a. Abraram se te premye payen ki te konvèti.
   b. Bondye pran l pou li papa yon gran nasyon.
   c. Tout nasyon ap jwen benediksyon yo apati de Abraram.
   d. Pep Jwif la soti nan Abraram
   e. Puiske Izrayèl fè fòfè a misyon l, Bondye voye Jezi ki bati Legliz li pou l al sove tout payen yo ki kwè nan li.

4. Ki prèv nou genyen ke Legliz gen otorite pou fè misyon saa ?
   Le Senyè bay li Sentespri
   a. Pou chase demon,
   b. Pou geri malad,
   c. Pou konbat pwazon vyolan onon de Jezikri.

5. Ki danje ki menase moun yo ki enkredil la ?
   a. Yo pa kapab chanje anyen nan sajès ak plan Bondye pou sove moun.
   b. Distans pou yo finn diskite, pòt lanfè déjà ouvri de batan ap tann yo.

Leson 10 Kwaa yon siy imilyasyon

Tèks pou prepare leson an : Eza. 53 :1-12 ; Mat. 16 :21 ; 26 :38 ; 27 :20-31 ; 22 :67 ; Lik.22 : 39-44, 65 ; Jan.12 :27-32 ; 19 :17-18 ; 1Kor.15 :57 ; Fil.2 :8

Vèsè pou li nan klas la : Eza.53 :1-7

Vèsè pou resite : Yo te maltrete l', men li menm se bese li bese tèt li ase. Tankou yon ti mouton y'ap mennen labatwa, li pa t' janm louvri bouch li di krik. Eza.53 :7a

Fason pou fè leson an : Diskou, konparezon, Kesyon

Bi leson an : Fè tout moun konnen konbyen Sali nanm nan koute.

Pou komanse

Nan pwen bagay ki fè moun pi pè ke lè ou konnen gen yon soufrans kap tann ou. Sa te pase Jezi. Li di disip yo sa. Men li te gen yon gwo lapenn kant lè sa pat lwen pou l rive. Ki jan l pra l fè ak pwoblèm saa ? Jan.12 :27

I. Li te komanse gen yon gwo kè sere depi nan jaden sou mòn Oliv la. Lik.22 :39

1. Tandiske lè a preske rive pou yo vin arete l, li priye pi plis. Kè li kase nèt. Mat.26 :38 ; Lik.22 :44
2. Li konnen li dwe soufri. Mat.16 : 21
3. Li konnen tou ke plan pou sove lòm nan pa kap chanje e se pou rezon sa menm li te vini sou tè a. Jan.12 :27 ; Fil.2 :8
4. Li konnen yo pral kloure l sou bwa Kalvè a, ke se sèl mwayen pou atire tout moun a li menm, kit ou jwif, kit ou payen. Jan.12 :32
5. Li konnen ke se sèl mwayen pou delivre nou anba pisans peche e pou bay nou viktwa sou Dyab la. 1Kor.15 :57

6. Li konnen ke se li menm sèl ki pou peye pri a. E pri a se lanmò pou peche nou. Jan.3 :16

II. Kounyeya soufrans kwaa ap antre nan tout zo kòt li

1. Yo mete l toutouni devan tout moun. Mat.27 :28 et 31
2. Yo di l betiz pandan yap voye krache nan figi l. Yo kalote l mete sou li ankò. Mat.27 :30 ; Lik.22 : 65
3. Lezòm jije l nan tribinal e li pa gen okenn dwa anpeche sa paske se plas mwen li pran. Mat.27 :20-23
4. Li fèmen bouch li tankou yon ti mouton yap mennen labatwa.
   Eza. 53 : 7
5. Pou yo imilye l yo krisifye l nan mitan de (2) kriminèl. Jan.19 : 17-18

Pou fini

Men se pri sa Jezi peye pou sove nou. Kounyeya ki sa wap depanse pou w anonse mesaj levanjil pou sove nanm pèdi yo?

Kesyon

1. Ki kote Jezi komanse soufri de kwaa ?
   Depi sou mòm nan Jaden Oliv la.

2. Ki jan nou kap pale de sa kap pase nan kè li ?
   a. Li konnen li dwe soufri.
   b. Li konnen li te vini pou sa pou l sove nou.
   c. Li konnen yo pral krisifye l

3. Ki kote imilyasyon an te pi di pou li ?
   a. Yo mete l toutouni devan tout moun.
   b. Yo di l betiz pandan yap voye krache nan figi l. Yo kalote l
   c. Lezòm jije l nan tribinal e li pa gen okenn dwa anpeche sa paske se plas mwen li pran.
   d. Li fèmen bouch li tankou yon ti mouton yap mennen labatwa.
   e. Yo krisifye l nan mitan de (2) kriminèl.

4. Ki sa Jezi ka espere de nou ?
   Pou nou ale preche Pawòl la pou nanm moun kap sove.

Leson 11 Sa ki te dwe pase kan menm avan pou Kris te resisite

Tèks pou prepare leson an : Es.53 : 5-7 ; Mat. 16 :21 ; Lik. 9:51; 23 :2-6 ; 24 :1-7 ; Jan3 :16 ; 11 :53 ; 12 : 27-32; 1Kor. 15: 17-19; 2Kor.5: 19-20; Ep.1 :4 ; He.12 :2 ; 1Pi.1:19-20
Vèsè pou li nan klas la : Lik. 24 :1-7
Vèsè pou resite : Moun Bondye voye nan lachè a gen pou tonbe anba men pechè yo; yo gen pou yo kloure l' sou yon kwa. Men, sou twa jou l'ap leve soti vivan ankò.Lik.24 :7
Fason pou fè leson an : Diskou, konparezon, Kesyon
Bi leson an : Montre ke plan Sali nou an pat gen anyen ki te kap chanje l.

Pou komanse
Fòk yo te livre Jezi kan menm, fòk yo te krisifye l, fòk li te resisite obout twa (3) jou. Sa se rezime plan Sali nou an. Lik.24 : 1-7
Ki sa nou dwe konnen nan bagay saa ?

I. Se Bondye menm ki te pran desizyon saa.
Kan menm fòk Jezi te mouri. Jan3 :16
   a.   Anj yo konn sa. Lik.24 :4-7
   b.   Jezi aprouve l. Mat. 16 : 21; Lik.9 : 51
   c.   Papa a ratifye l. Jan 12 :27-32
Konsa Jezi konnen ke li déjà gen viktwa sou Satan Ledyab avan li monte sou kwaa. Jan12 : 31

II. An nou wè ki jan sa te ranje
   1. Sakrifikatè ak èskrib yo tap chèche fè tout konbinezon pou touye Jezi. Jan11 :53

Yo trouve okasyon an kant Satan antre nan Jida pou l van Jezi kash. Lik.23 : 2-6
2. Nan menm moman, Papa Bondye chita anndan Jezikri pou li kap rekonsilye lemonn ak li menm. 2Ko.5 :19-20
3. Kan Jezi rele : « Papa, pouki sa ou bandonen m nan » Bondye pat kapab reponn pou de (2) rezon :
   a. Premye rezon an, se paske li te déjà nan Kris pou rekonsilye le monn ak li menm. Jan.12 :28; 2Kor.5:19
     Kan Jezi sonje ke li pral retounen nan glwa li ankò, li soufri san l pa plenn. Eb.12: 2
   b. Dezyem rezon an, se te denye pwofesi ki te gen pou akonpli. Li te vini pou rachte nou. Eza.53 : 5-7 ; Ef.1 :4 ; 1Pyè.1 :19-20

III. Li te gen poul resisite obout 3 jou.
Tout sa ki bay valè a Krisyanis nou a fwa nou tou, se paske Kris te resisite. 1Ko.15 : 17-19

Pou fini
Sonje ke kan sa pa mache pou nou, Jezi la. Puiske li kenbe Pawòl li, nou menm tou an nou fidèl pou fè menm jan tou.

Kesyon

1. Pouki sa Jezi pat kap evite kwa kalvèa ?
   Se Bondye menm ki te pran desizyon saa.

2. Koman sa te pase ?
   a. Sakrifikatè ak èskrib yo tap chèche fè tout konbinezon pou touye Jezi.
   b. Se menm lè sa Satan antre nan Jida pou l van Jezi kash.

3. Pouki rezon papa Bondye pat kapab wè Jezi sou kwaa ?
   a. Premye rezon an, se paske li te déjà nan Kris pou rekonsilye le monn ak li menm.
   b. Dezyem rezon an, se te dènye pwofesi a ki te gen pou l akonpli. Li te vini pou rachte nou

4. Ki sa rezireksyon Kris la reprezante ?
   Li bay Krisyanis nou an ak la fwa nou valè.

Leson 12 Pouvwa mistè ki gen nan rezireksyon Kris la

Tèks pou prepare leson an : Jo.5 :15 ; Sòm91 :1 ; Da.3 :24-25 ; 6 :22 ; Lik.24 :30-39 ; Jan20 :17-27 ; Ac.2 :11 ; 12 :7-12 ; Ro.13 ; 12-14 ; 1Kor. 10 :1-10
Vèsè pou li nan klas la : 1Kor.10 :1-10
Vèsè pou resite : Se konsa yo t'ap bwè dlo ki t'ap soti nan gwo wòch Lespri Bondye te ba yo epi ki t'ap mache ansanm ak yo a: Wòch sa a, se te Kris la menm.1Kor.10 :4
Fason pou fè leson an : Diskou, konparezon, Kesyon
Bi leson an : Montre ki pouvwa estraodinè Jezi deplwaye apre li resisite

Pou komanse
Depi Kris fin resisite, nou pa wè l kap ale de vilaj an vilaj, men nou wè l parèt san w pa konnen kote l soti jouk jou rive li monte tou vivan nan syèl la. Kote pouvwa l sa soti ?

I. Pa bliye se Bondye li ye.
1. Se li menm ki te jeneral divizyon nan lame Jozye
    a. Joz.5 :15
2. Se li menm ki te wòch ki tap swiv Izrayèl nan Dezè
    a. 1Kor.10 :4
3. Se li menm ankò ki te nan founo dife a ak 3 ti mesye Jwif yo. Da. 3 :24-25
4. Se li tou ki te Lyon Jidaa pou pwoteje Danyèl nan kaj lyon yo. Nou ta kap di plis pase sa ankò. Da.3 :24-25 ; 6 :22

II. **Pa bliye li se moun e li se Bondye tou.**
   1. Yon ti moman apre li te fin resisite, men Mari ki vini pou touche l. Li di l : « Pa manyen m. Mwen pral monte nan syèl kounyeya. M pral bay Papa m rapò misyon an ke l ap tann depi avan monn sa te egziste. » Fòk ou dakò ak sa paske li soti pase trentwazan deyò. Jan.20 :17
   2. Apre sa, li kite Toma ni disip Emayis yo touche l. Lik.24 :39 ; Jan20 :27
      a. Li pa bezwen kle pou l antre nan yon pòt ki fèmen. Lik.24 :30-31
      b. Jou li monte nan syèl tou vivan, se wè moun yo wè li pèdi nan nyaj. Tra.2 :11

III. **Nap mande eske nou gen pouvwa sa tou ?**
   1. Men wi mon chè ! Depi menm lè nou konveti, Jezi abiye nou, li kouvri nou ak tout kò li. Konsa li fè moun mechan yo pa kap wè nou. Sòm.91 :1 ; Ro.13 :12-14
   2. Menm si yon pòt te gen barikad, Jezi ap louvri l pou w. Si w gen dout, al poze Pyè kesyon. Tra.12 :7-12

Pou fini

Vini kounyeya, vin jwi pouvwa sa ke tout majisyen mete ansanm pa kap genyen.

Kesyon

1. Ki jan de bagay nou pat janm wè, ke Jezi ap fè apre l resisite ?
   a. Nou pa wè l ankò kap mache preche ni geri malad yo.
   b. Se gade w gade ou wè Jezi parèt sou w.

2. Ki jan nou wè pisans divin li manifeste ?
   a. Li aji tankou yon chèf lame.
   b. Se li menm ki tap swiv pèp Israyèl la tout patou nan Desè a.
   c. Se li menm ki tap pwoteje twa jenn gason yo nan dife a.
   d. Se li menm ki te lyon an pou pwoteje Danyèl nan fòs la.

3. Montre ke li Bondye e li moun tou pou kont li.
   a. Yon ti moman apre li resisite, li di Mari « Pa touche m . Tann li finn pote rapò misyon l bay Papa l.
   b. Apre sa, li pèmèt Toma ak disip Emayis yo touche l.
   c. Paske li se Bondye, li antre nan yon pòt ki te fèmen
   d. Paske li se Bondye li monte pou kont li nan syèl jis li pèdi nan nyaj.

4. Eske nou menm kretyen nou gen pouvwa sa tou ?
   a. Wi, paske li mete l a dispozisyon nou:
   b. Pou fè lènmi mache sou nou san l pa wè nou.
   c. Pou louvri pòt delivrans nou kant lezòm mechan te fèmen l.
   d. Li bay nou pouvwa ke menm si tout majisyen te mete tèt yo ansanm, yo pap kap fè l.

Lis sijè yo

Leson 1.
Epi li di yo tout: Si yon moun vle mache dèyè m', se pou li bliye tèt li. Se pou li chaje kwa l' sou zèpòl li chak jou, epi swiv mwen.. Lik.9:23

Leson 2
Mwen aji di ak kò m', mwen kenbe l' kout, pou mwen menm yo pa voye m' jete apre mwen fin moutre lòt yo sa pou yo fè. 1Kor.9 :27

Leson 3
Se yon sèl Bondye a ki genyen. Se yon sèl moun tou ki mete lèzòm dakò ak Bondye ankò, se Jezi, Kris la. Se li menm ki te asepte mouri pou tout moun ka sove. 1Ti.2 :5-6a

Leson 4
Pawòl ki fè nou konnen jan Kris la mouri sou kwa a, se pawòl moun fou pou moun k'ap peri yo. Men, pou nou menm ki delivre yo se pouvwa Bondye. 1Kor.1 :18

Leson 5
Avèk Kris la ki mouri sou kwa a, Bondye wete tout pouvwa ak tout otorite lespri yo te genyen nan lemonn. Li fè tout moun wè sa yo ye. Li fè yo mache tankou prizonye devan Kris la ki te genyen batay la. Kol.2 :15

Leson 6
Anpil ladan yo te kwè sa Pyè t'ap di a, yo te resevwa batèm. Jou sa a, te gen twamil (3.000) moun konsa ki te mete tèt yo ansanm ak disip yo. Ac.2 :41

Leson 7
Frè yo menm, bò pa yo, lè yo wè m' nan prizon an, pifò ladan yo vin gen plis konfyans toujou nan Seyè a. Sa ba yo plis kouraj koulye a pou fè konnen pawòl Bondye a san yo pa pè anyen. Fil.1 :14

Leson 8
Paske, sa ki sanble yon bagay moun fou Bondye ap fè a, li pi bon konprann pase bon konprann lèzòm. Sa ki sanble yon feblès Bondye ap moutre, li pi fò pase fòs lèzòm. 1Kor.1 : 25

Leson 9
Men nou menm, n'ap fè konnen Kris yo te kloure sou kwa a. Pou jwif yo, sa se yon wòch k'ap fè yo bite. Pou moun ki pa jwif yo, sa se bagay moun fou.1Kor.1 :23

Leson 10
Yo te maltrete l', men li menm se bese li bese tèt li ase. Tankou yon ti mouton y'ap mennen labatwa, li pa t' janm louvri bouch li di krik. Es.53 :7a

Leson 11
Moun Bondye voye nan lachè a gen pou tonbe anba men pechè yo; yo gen pou yo kloure l' sou yon kwa. Men, sou twa jou l'ap leve soti vivan ankò. Lik.24 :7

Leson 12
Se konsa yo t'ap bwè dlo ki t'ap soti nan gwo wòch Lespri Bondye te ba yo epi ki t'ap mache ansanm ak yo a: Wòch sa a, se te Kris la menm.1Kor.10 :4

Evalyasyon pèsonèl

1. Ki pwen nan seri leson sa ki te pi touche w ?
   _____

2. Ki sa ou jwen nan li
   a. Pou tèt pa w ?
      _____
   b. Pou fanmiy w ?
      _____
   c. Pou Legliz w ?
      _____
   d. Pou peyi w ?
      _____

3. Ki desizyon ou vle pran imedyatman apre klas la ?
   _____

4. Men sijesyon, mwen (Untel),
   Me sijesyon mwen pou Lekòl dimanch nan Legliz mwen :
   a._____
   b._____
   c._____

5. Kesyon pou w reponn a tèt ou sèlman
   a. Ki sa mwen vo pou Legliz la depi mwen la ?
   b. Ki sa mwen vle fè pou li vin pi miyò ?
   c. Si Jezi vini kounyeya, eske m pap wont akòz jan de fwi yo mwen kap prezante l ?

Dife 16 Seri 2

Temwen Jezikri

Avangou

« **Nou va temwen mwen** ». Se Jezikri ki te di apòt yo sa kèk jou avan li te monte nan syèl. Depi lè sa, apòt yo te gen reskonsablite pou reprezante moun nan Bondye te mete pi ba sou Tè a e ke lap leve piwo ni nan syèl, ni sou tè sa. Se devan l tou, tout moun, tout zanj, tout otorite blije mete chapo ba. Se depi lè sa tou, yo vinn gen yon kòlon temwen jouk yo rive sou nou tou ki temwen Kris. Nou bay Bondye glwa e nou fè yo konpliman pou fidelite yo ki fè jodia nou kap patisipe nan fanmiy Kris la. An nou bat pou nou fidèl pou flanm Dife Tou Limen an sa, ke yo pase bay nou an, pa tenyen nan men nou, puiske se menm Sentespri a ki la kap travay nan nou.

Pastè Renaut Pierre-Louis

Leson 1   Ki moun ki temwen Jezi- a?

Tèks pou prepare leson an : Mat. 28 :19-20 ; Tra.4 :1-31 ; 5 :1-41 ; 1Pyè.3 :15
Vèsè pou li nan klas la : Tra.4 :8-20
Vèsè pou resite : Men, Pyè ak Jan reponn yo: Jije nou menm kisa ki pi bon devan Bondye: Obeyi nou osinon obeyi Bondye? 0 Pou nou menm, nou pa kapab pa pale sa nou wè ak sa nou tande Pou nou menm, nou pa kapab pa pale sa nou wè ak sa nou tande. Tra.4 :19-20
Fason pou fè leson an : Diskou, konparezon, Kesyon
Bi leson an : Montre ki sa ki kap fè w rekonèt si yon moun se temwen Kris li ye.

Pou komanse
Depi menm jou Kris te di apòt yo : « Nou va temwen mwen », misyon yo te déjà komanse.

I. Ki sa yon temwen ye ?
1. Mo saa soti nan lang grèk, « martyrein » ki vle di : temwaye, rann temwayaj. Konsa yon moun ki temwen, li dispoze pou yo fè l pase mati, pou yo touye l menm si moun vle anpeche l di verite.
2. Temwen se moun Kris ka konte sou yo. Tra.4 :19-20 ; 5 :41
3. Yo konsyan de reskonsablite yo pou yo kap di sa yo wè ak sa yo tande dapre relasyon yo ak Jezikri. Depi lè saa Sentespri a kanpe dèyè yo pou apiye yo. Jan.14 :16,27

II. Ki jan yo te aji tankou temwen nan Nouvo Kontraa?

Yo te la pou yo :
1. Preche Levanjil. Mat.28 :19
2. Fè disip, sa vle di :
   a. Anseye nan Lekol Dimanch. Mat.28 :19
   b. Fè katechis pou moun katekimen yo kap batize. Mat. 28 :19
3. Fè Lekòl ak moun yo pou anseye yo tout lòd Jezi te pase yo. Se pa bagay ki kap fèt nan yon jou, de jou. Fòk yo tabli Seminè, Lekòl biblik ak inivèsite. Mat.28 :20

II. Yo la pou yo kanpe pou la verite

1. Yo dwe kanpe devan Jwif yo, moun kap obsève Lwa ak Saba. Yo dwe di moun sa yo tout sa yo konnen de Jezi. Tra.4 :19-20
2. Yo dwe kanpe devan payen yo, moun kap adore zidòl yo pou montre yo ki lespwa genyen nan Jezi ki vini pou sove yo. 1Pyè.3 :15
3. Yo dwe sere tèt yo dèyè Mesaj Kwaa pou yo di verite a. E temayaj yo dwe bay prèv ke yo gen fwa tout bon nan Jezikri. Tra.3 :16

Pou fini

Swadi antrenou, si Jezi pa gen okenn moun pou sèvi l temwen, zafè Levanjil tou kokobe. Moun pap konvèti ankò, se tankou Jezi te vini pou gremesi. Eske nou pare pou n al defann kòz Kris la?

Kesyon

1. Ki kote mo « temwen » soti ? Nan lan grèk martyrein ki vle di temwaye, rann temwayaj.

2. KI sa ki menase yon temwen kap di verite pou Kris? Lanmò

3. Ki sa ki pou fè w rekonèt yon temwen Jezi-Kri ?
    a. Li pran oserye reskonsablite pou l di sa l konnen de Jezikri.
    b. Se yon moun Jezi ka konte sou li.
    c. Se yon moun Sentespri a la pou apiye sa l di a

4. Ki te jòb temwen an nan Nouvo Kontraa?
    a. Preche Levanjil
    b. Anseye Lekòl dimanch, fè klas katekimen pou moun ki fèk konvèti yo.

5. Ki moun yo te gen pou yo abòde?
    Jwif yo kap obsève Lwa ak Saba, payen yo kap adore zidòl yo.

6. Ki kote temwen an dwe kanpe kant li ap temwaye ?
    Dyè kwa Kris la.

Leson 2 Ki kondisyon pou yon moun ka temwen

Tèks pou prepare leson an : Tra.1 : 1-4 ; 2 :1-4 ; 4 :20 ; 5 :30-32 ; Ro.1 :16 ; 8 :38-39 ; 2Ti.1 :2,12 ; 1Jan1 :1-2
Vèsè pou li nan klas la : 1Jan1 :1-5
Vèsè pou resite : Sa nou menm nou te wè a, sa nou te tande a, m'ap fè nou konnen l' tou pou nou ka viv ansanm yonn ak lòt nan lavi nou. 1Jan1 :3a
Fason pou fè leson an : Diskou, konparezon, Kesyon
Bi leson an : Di ki kondisyon pou yon moun ka temwen

Pou komanse
Pa gen jòb ki pi delika ke pou yon moun temwen Jezikri. Ki moun ki kap temwen?

I. **Tout dabò, ki sa ki pou kalifye l ?**
   1. Li dwe konprann mesaj Kris l. Li dwe kenbe l nan tèt li. Li dwe brav pou l di sal wè ak sal tande de Jezikri . Tra.4 :20
       a. Jan di : « Sa nou te wè ak de grenn zye nou an, sa nou te touche ak men nou an, se li menm nap anonse w la. 1Jan1 :1-2
       b. Pyè li menm li di : Se devan nou Kris resisite, e se devan nou li monte nan syèl la. Tra.5 :30-32
       c. Nou kap ajoute sa Pòl te di : « Mwen pa wont Levanjil, paske mwen gen prèv ke se sèl pisans Bondye pou sove tout moun ki kwè nan Jezikri. ». Ro.1 :16
       d. Paske mwen gen asirans ke pa gen anyen ki kap separe m de lanmou Bondye nou jwen nan Jezikri. Ro. 8 : 38-39

2. Li dwe pale ak konviksyon.
   a. Apòt Pòl di : « Mwen konnen nan ki moun mwen kwè ». 2Tim.1 :12
   b. E li di Timote : « Sa mwen te di w la devan moun ki kap sèvi m temwen, pase l bay moun ki serye ki gen kapasite pou pase l bay lòt moun. 2Tim.2 :2

II. Ki sa temwen an dwe pou l ye nan vi l

Apade konesans nan bib la, li dwe genyen kapasite èspirityèl.

Jezi te mande apòt yo pou yo rete Jerizalèm tann pisans Sentespri a li va voye pou yo. Li te rive tout bon apre di jou yo te pase ap jene e priye. Tra. 1 : 4 ; 2 :1-4

Pou fini

An nou swiv menm pwensip la epi tann sa Jezi te pwomèt nou an. Tra.1 :4

Kesyon

1. Ki sa ki kalifye yon temwen Jezikri ?
   a. Li dwe konprann mesaj la, li dwe kenbe l nan tèt li e li dwe tou pare pou l al di sal konnen de Jezikri.
   b. Li dwe pale ak konviksyon.

2. Ki kalite èspirityèl li dwe genyen ?
   a. Li dwe konnen Bondye ak Pawòl Bondye tou.
   b. Li dwe genyen pisans Sentespri avè l

3. Di ki lès ki te di :
   a. Mwen konnen nan ki moun mwen kwè. ___ Pyè ___ Lepap ___ Pòl
   b. Sila nou te wè ak degrenn zye nou an, sila nou te touche ak men nou an, se li menm m ap anonse nou:
   c. ___ Etyèn ___ TBN ___ Apòt Jan

4. Vre ou fo
   a. Depi ou soti priye nan jèn ou gen dwa al preche. ___ V ___ F
   b. Se komite ki gen dwa chwazi moun pou voye moun nan misyon. V ___ F
   c. Sèl Sentespri kapab bay nou pisans pou nou gen bon rezilta nan ministè nou. ___ V ___ F
   d. Depi Lamisyon bay ou yon pot vwa ak yon ki kòb ou déjà kalifye pou al preche Levanjil. ___ V ___ F

Leson 3 Prèv ke yon temwen kalifye

Tèks pou prepare leson an : Jan.16 :13 ; Tra.1 :14-26 ; 4 :36 ; 13 :1-9
Vèsè pou li nan klas la : Tra.1 :15-26
Vèsè pou resite : Mais le Seigneur Liki dit : en, Seyè a di li: Ale. Paske nonm sa a, mwen chwazi l' pou sèvis mwen, pou l' fè tout moun konnen non mwen, moun lòt nasyon yo ak tout wa yo ansanm ak pèp Izrayèl la. Tra.9 :15
Fason pou fè leson an : Diskou, konparezon, Kesyon
Bi leson an : Se pou kap demontre ke konesans nan Bib la pa janm sifi pou kalifye pèson tankou li temwen Jezikri

Pou komanse

Nan leson semenm pase a nou te jwen ak apòt yo nan yon sèvis jenn ak priyè. Men ki sa yo te fè apre sa ?

I. Yo pran yon desiyon san konsantman Sentspri a

Pyè tap dirije yon reyinyon e li mande moun yo pou vote yon moun pou ranplase dèfen Jida. Tra.1 : 17-19

1. Se te yon desizyon makaron. Tra.1 :20-21
2. Se tankou yo te di : « Jezi , sa ou wè a se sa menm. » Tra.1 :24
   a. Pouki nou di l konsa ? Se paske yo fè yon tiraj lotri e se konsa frè Matyas genyen. Se li ki pase pou li ansosye onz (11) apòt yo ki rete Tra.1 :26
   b. Depi lè saa nou pa janmen tande pale de Matias saa ankò. Pouki sa ? Se paske eleksyon saa te genyen magouy.

II. Men bon chwa ki te fèt ak pisans Sentèspria.
Tra.13 :1-4

1. Se yon komite ki te fòme ak reprezantan plisyè nasyon ki tap dirije eleksyon an. Nou te jwen pami yo:
   a. Banabas, ki te yon grèk moun peyi Chip. Tra.4 :36
   b. Simèyon, ki te yon nèg nan Lwès peyi Afrik.
   c. Lisiyis ki te soti Sirèn nan Nò peyi Afrik.
   d. Te gen pou fini Manayèm , yon moun ki te leve ak Eròd e Pòl. Tra.13 :1
2. Komite sa te déjà ap sèvi Bondye e yo gen anpil eksperyans nan zafè levanjil la. Sèlman se te Sentespri a ki te gen pou bay dènye desizyon an. Tra .13 : 2
   a. Komite saa tap jene e li tap priye.
   b. Pa gen zafè rale ti fisèl. Se Sentespri a ki chwazi Pòl pou douzyèm apòt la pou ranplase Jida e li mete Banabas a kote l pou fè misyon Senyè a. E se Senyè a menm ki di ke Pòl se yon zouti ke li menm li chwazi . Tra.9 :15

E depi lè sa tou, nou pa tande pale de Sayil ki vle di gran men Jezi rele l Pòl ki vle di piti. Tra 13 : 9

Pou fini

Tanpri pa kite gwo kòlet nou ni enfliyans nou mete nou devan nan desizyon nou gen pou pran. Bay pito tout dwa a Sentèspri a pou li kondi nou nan tout verite a . Jan.16 :13

Kesyon

1. Ki betiz Pyè te komèt apre yon sèvis jenn ak priyè ? Li te fè yon vye eleksyon magouy pou ranplase dèfen Jida.
2. Ki moun ki te pase nan eleksyon saa ? Frè Matyas.
3. Koman nou kalifye chwa saa?
   Sete yon eleksyon makaron.

4. Ki moun ki te fè pi bon chwa a?
   Se te yon komite ke Sentèspri a te aprouve.

5. Ki moun ki te pase? Pòl ak Banabas

6. Koman nou fè konnen ke chwa saa te bon pou douzyèm apòt la ? Se Jezi menm ki di se li ki te chwazi l ?

7. Ki sa Bondye te fè pou kalifye l ? Li te chanje non-li Sayil ki vle di gran pou bay li non Pòl ki vle di piti.

8. Résite vèsè nan. Tra. 9 :15

Leson 4 Ki danje ki menase yon temwen

Tèks pou prepare leson an : Jan.9 : 1-41 ; Tra.16 : 16-31 ; 2Kor.6 : 8 ; 11 :26
Vèsè pou li nan klas la : Jan.9 :18-30
Vèsè pou resite : Yo reponn li: Se nan peche ou fèt, epi ou konprann pou ou vin ban nou leson koulye a? Epi yo mete l' deyò nan sinagòg la.
Jan. 9 :34
Fason pou fè leson an : Diskou, konparezon, Kesyon
Bi leson an : Se pou nou montre ke yon temwen Kris tout bon pap trayi konfyans li nan Kris.

Pou komanse
Nou remake jodia ke pa genyen anpil temwen pou Kris ankò. Epoutan Jezi mande nou pou nou pran pozisyon pou li. Ki sa ki kap rive si yon kretyen ap temwaye tout bon pou Kris?

I. Ou va gen anpil moun ki kanpe kont ou.
1. *Moun sa yo pap renmen w ditou.* Gen nan yo se paske yo gen prejije pou koulè yo, pozisyon yo nan sosyete a, pou ras yo ak relijyon yo.
Farizyen yo kouri dèyè nonm nan ki te fèt avèg la paske nan temwayaj li, li di Kris soti nan Bondye. Jan. 9 : 30-34
2. *Gen nan yo se paske yo pa vle tande Levanjil ditou. Moun sa yo se gwo bigòt yo ye ou byen se moun ki kwè nan gwo etid yo fè.*
Tra.17 :5-7
   a. Romen yo te arete apòt Pòl ak Silas, yo brote misyonè sa yo sou plas piblik la devan Leta paske mesaj apòt yo te tankou yon ofans pou mèrs yo. Tra.16 : 19-24

b. Yo bat yo , apre sa yo mete yo nan prizon pou yo tann jijman yo. Tra.16 :22-23

3. *Gen nan yo tou ki pa bay Levanjil okenn enpòtans. Se zafè materyèl yo sèlman ki enterese yo.* Tra.17 : 30-33

   1. **Kan w temwen pou Kris ou kap twouve moun ki kont ou menm andedan Legliz e nan kominote a tou.**
   2. Pòl te santi l alèz pou l viv nan mitan tout moun, menm si yap pale mal li. 2Kor.6 :8
   3. Ni jwif yo, ni frè ipokrit yo te konn manke touye l. 2Kor.11 :26

Pou fini

Jezi pat manke di disip yo ke yo gen jwenn tribilasyon nan monn sa. Eske ou pè pou tèt ou lè w tande nouvèl saa? Jan.16 :33

Kesyon

1. Ki sa ki menase yon kretyen kap rann temwayaj pou Kris ?
   a. Li kap gen anpil moun ki knpe kont li.
   b. Yo kap maltrete l.

3. Ki sa ki kap rive l nan Legliz ak nan kominote a?
   a. Yo kap kritike l.
   b. Yo kap fè konplo pou touye l.

4. Eske disip yo te okouran de tout sa?
   Wi. Jezi te di yo ke yap gen tribilasyon nan monn saa

5. Vre ou fo
   a. Jezi dekouraje disip yo lè li fè yo konnen ke yap gen tribilasyon __ V __ F
   b. Levanjil pa mande sakrifis. __ V __ F
   c. Kan yon moun pa dakò ak mesaj Levajil ou preche a, ou dwe mete l nan wòl li. __ V __ F
   d. Nou dwe temwaye pou Kris kote nou pase. __ V__ F

Leson 5 Ki rezilta w ka jwen apre ou fin temwaye

Tèks pou prepare leson an : Jan4 :1-43 ; Trac.14 :8-25

Vèsè pou li nan klas la : Jan4 : 28-30, 39-43

Vèsè pou resite : Vini wè yon nonm ki di m' tou sa m' fè. Eske nou pa kwè se Kris la? Jan4 :29

Fason pou fè leson an : Diskou, konparezon, Kesyon

Bi leson an : Montre ke rezilta temwayaj la rete sou kont Papa Bondye nan syèl la.

Pou komanse

Pa gen anyen ki di ke moun ap asèpte temwayaj la. Ou ka menm viktim apre sa.

I. **Ki kalite temwayaj nou dwe bay?**
   Li dwe sanble ak sa ke Kris li menm li ye nan vi w. Se la tout fòs mesaj la soti.

II. **Map bay nou egzanp yon temwayaj ke moun yo tolere.**
   An nou pran egzanp Fanm Samariten nan. Temwayaj li touche kè tout moun nan vil la. Kote sa te soti? Jan.4 :39
   1. Li mete tèt li byen ba pou li leve Kris byen ro .Jan.4 :29
   2. Li si tèlman prese pou l al sèvi Kris, ke li kouri kite krich li a atè,.
      Jan 4 : 28
      a. « Tande ki sal di «Vini m montre nou yon nonm ki konnen m lanvè landwat. Ou met di m sa ou vle, se li ki Mesi a.» Jan. 4 :29
      b. Menm lè saa, moun Samari konvèti pa bann pa pakèt. Jan 4 : 39-42

II. Men yon temwayaj ki chavire peyi a tèt an ba

1. Lè Pòl rive nan peyi List, Li tonbe geri menm ti moun ki te fèk tou toklo. Menm lè saa, foul la rele {Pòl Merki e yo rele Barnabas Jipitè, dapre jan Romen yo rele dye sa yo nan peyi romen. Tra.14 : 8-18
2. Sa pa te pran tan pou kèk jwif te parèt pou fè landyèz sou Pòl. Epi kan w gade, menm foul saa mete Pòl twaka mò anba kout wòch. Tra.14 : 19-20.

Pou fini

Tan pou pèkisyon te dekouraje yo, Pòl santi nesesite pou l retounen pou l temwaye pou Kris menm kote a. Nan pèsekisyon an, Pòl santi l pi fò pou l temwaye pou Kris. Tra.14 : 21-25   Eske ou pran egzanp la ?

Kesyon

1. Ki sa ki bay temwayaj kretyen an fòs ?
   Li soti nan konviksyon yo genyen ke Kris te chanje la vi yo

2. Ki sa fanm samariten nan fè pou menmen tout yon vil anba pye Jezi ?
   a. Li pat pè konfese peche l.
   b. Li depoze Krich la atè pou l sa kouri pi byen pou l ale bay nouvèl la Li pat gen anyen pou l te kache ankò.

3. E ki sa ki te pase apre sa ?
   Pi fò moun nan vil la konvèti.

4. Ki sa ki te rive Pòl nan bouk List?
   Kant li te geri nonm nan nan bouk List, moun yo rele Pòl Merki e Banabas Jipitè

5. Koman sa te soti ?
   Jwif nan peyi Antyòch yo fè landyèz sou Pòl, ki lakòz moun List yo kalonen Pòl ak kout wòch.

6. Vre ou fo
   a. Fanm Samariten nan te kontan gen plis klyan.
      __ V __ F
   b. Li mete tèt li a kote pou l bay glwa a Senyè.
      __ V __ F
   c. Pòl site moun List nan tribinal. __ V __ F
   d. Li refize payen yo adore l.   __ V __ F

Leson 6   Kote Temwen an kanpe

Tèks pou prepare leson an : Mat. 11 : 28 ; 26 : 69-74 ; Mak.16 :17-18 ; Jan.20 :6-10 ; Tra.2 :1-36 ; 3 :16 ; 4 :10-16 ; 5 :12-32
Vèsè pou li nan klas la : Tra.2 :32-36
Vèsè pou resite : Bondye fè Jezi sa a leve soti vivan; nou tout nou temwen bagay sa a. Tra.2 :32
Fason pou fè leson an : Diskou, konparezon, Kesyon
Bi leson an : Se pou fèmen bouch moun yo kap pale mal Levanjil kant nou bay yo prèv sa Jezi ye nan la vi nou.

Pou komanse

Lè w rive nan tribinal, premye kesyon avoka kap defann moun nan ki an afè a mande temwen lòt pati a se : « Ki kote w te ye lè bagay la te pase ? » Pou nou menm ki di nou temwen Jezikri, nou dwe gen yon repons pou bay a moun yo ki kanpe kont Levanjil la.

I. Ou dwe deklare ki kote w te ye:

1. Pyè ka deklare ke li te ale nan kavo Jezikri e li wè ak de grenn zye li ke kavo a te vid. Jan.20 :-6-10
2. Li temwaye devan tout moun pou l di ke Jezikri resisite e pou kounyeya, li nan glwa ak papa l. Tra.2 : 32, 36

II. Ou dwe bay yon prèv

Jezi te pwomèt pou apòt yo ki kwè a, yo pra l fè mirak ak lòt bagay pou fè moun sezi. Mak.16 :17-18
1. Se konsa nou wè Sentespri a desann ak tout fòs sou apòt yo. Tra.2 :1-3
2. Depi lè saa Pyè kite kapon. Li kanpe preche Pawòl la ak anpil fòs. Tra.5 :29-32

3. Li temwaye ke se fwa nan Jezikri ki geri nonm toklo a.
   Tra.3 :16 ; 4 :10
4. Sentespri a apiye sa apòt yo fè ak anpil mirak ak lòt gwo bagay. Tra.5 :12 ; 19 :11

III. Moun pa kap demanti w nan prèv ou bay la
1. Pa gen moun ki kap nye gerizon nonm toklo a kant yo konnen l te fèt tou toklo. Tra. 4 : 14-16
2. SE te ayè Pyè te nye Jezi. Mat. 26 :69-74
   Jodia, menm si Pyè pa yon moun ki te fè gwo klas, li kanpe devan tribinal la ak kouraj pou defann fwa li nan Jezikri.
   Se nan bouch lènmi yo menm nou aprann ke Pyè pat fè gwo klas, menm yo rekonèt li tankou disip ki tap mache ak Jezikri. Tra.4 :13

Pou fini
Pyè kanpe deyè kwa Kris la pou l temwaye. E ou menm ki kote w kanpe kant lènmi an ap kritike Levanjil?

Kesyon

1. Lè w rive nan tribinal, ki premye kesyon avoka kap defann pati l la mande temwen lòt pati a?
   Ki kote w te ye lè bagay la te pase?

2. Ki fason Pyè te ka reponn kesyon saa?
   « Apre Jezikri resisite, mwen te ale nan kavo a, mwen jwen li vid.

3. Ki prèv li te kap bay ?
   a. Pisans Sentèspri a ki te desann sou apòt yo.
   b. Yo te gen kouraj pou yo preche Levanjil san yo pa pè ni moun ni sa ki kap rive.
   c. Yo kap montre moun nèg toklo depi l fèt la ki geri.
   d. Tè a te tranble kant yo te finn temwaye.

4. Ki sa ki te mete farizyen yo ap kalkile ?
   a. Yo te sezi tande Pyè, yon nonm ki pat enstri.
   b. Yo ta dwe avwe ke yo pa kapab sèvi ak Lwa, ak Saba pou fè mirak saa.

5. Ki mesaj apòt yo te kanpe sou li?
   Jezi-Kri te resisite.

Leson 7 Ki kote Kris kanpe lè nou ap rann temwayaj

Tèks pou prepare leson an : Mat. 28 : 20 ; Tra.9 : 15-16 ; 21 :27-30 ; 22 :1-25 ; 23 :11
Vèsè pou li nan klas la : Tra.9 :8-16
Vèsè pou resite : Se sak fè, se pa mwen k'ap viv ankò, se Kris la k'ap viv nan mwen. Ga.2 :20a
Fason pou fè leson an : Diskou, konparezon, Kesyon
Bi leson an : Fè tout kretyen yo sonje ke pa genyen travay pou Bondye ki pa gen soufrans ladan.

Pou komanse

Toutotan ke temwen an ap pi lwen kay li (*Jerizalèm ni an*), se plis li pa kapab konte sou moun. Li pral oblije viv nèt sou kont Sentespri a. Ki jan Bondye pral fè pou gide l ?

I. **Temwen an dwe mache dèyè do Kris.**
   Kan Lapòt Pòl te nan pozisyon saa :
   1. Nou wè yo rele l nan tribinal Jerizalèm poutèt Levanjil la e paske li te envite yon payen antre andedan tanp la. Tra.21 : 27-30
   2. Nou wè tou kote lap temwaye de konvèsyon li devan tribinal la. Tra.22 : 1-21
   3. E nou wè tou kote yap kalote l, kote yap bat li. Tra.22 :25 ; 23 : 2

II. **Bondye dakò ak soufrans apòt la ap sipòte pou li.** Tra.9 : 15-16
   1. Pa bliye ke li te chwazi Pòl tankou yon zouti pou l fè yon misyon atravè le monn. Tra.9 :15

2. Li te déjà avèti l ke li va gen pou soufri pou non l. Tra.9 :16
   a. Apre yo fin bat li, imilye l, Senyè menm oblije l ale nan gran vil Ròm pou l al temwaye pou li. Pòl pa kap rejenbe devan lòd saa.
   Mat. 28 :20 ; Tra. 23 :11
   b. Nan ka saa, li pa jwen pèson pou peye tribinal la pou fè lage l. Se sou Kris sèlman pou temwen an gade.
   c. Lli tankou yon grenn bal nan yon fizi. Se sèl moun nan kap tire a ki konnen ki kote lap voye bal la.
   d. Pou fini, nou wè yo lage Pòl nan Prizon nan vil Wòm nan. Listwa rapòte nou ke Lanperè Newon te fè koupe tèt li nan lane 67 apre Kris te monte nan syèl.

Pou fini

Yon temwen sanse chwazi pou li mouri ak Kris depi menm jou li konvèti a. Se tere li poko tere. Konsa li pa pè lanmò. Mwen ta renmen mande w jodia, ki lè nan vi w ou va panse konsa?

Kesyon

1. Ki sa Jerizalèm nan reprezante pou yon temwen ? Kote li rete a. Milye kote lap viv la

2. Kote Jezi-Kri kanpe kant nap temwaye ? Li antoure nou

3. Ki sak te rive Pòl paske li tap temway pou Kris? Yo te kalote l, yo te bat li.

4. Ki jan Jezikri re reaji nan ka saa?
    a. Li te kite Pòl soufri pou tèt non li.
    b. Apre sa, li mande l menm pou li ale nan vil Ròm pou l kontinye temwaye.

5. Ki jan de limitasyon Pòl te genyen ?
    a. Li pat gen pèson pou peye frè biro pou lage l.
    b. Li te tankou yon grenn bal nan yon fizi. Se Kris sèl ki konnen kote lap mennen l

6. Ki jan apòt la te mouri ? Lanperè Newon te fè koupe tèt li nan lane 67

Leson 8 Nan ki bi temwen an rann temwayaj

Tèks pou prepare leson an : Mat. 28 : 20 ; Jan20 : 22-23 ; Tra.2 :37-38 ;   3 :19 ;   4 :31 ;   5 :41 ; Ro.1 :16 ; 2Kor.5 :20 ; 1Tim. 1 :20 ; Fil.4 :6-7
Vèsè pou li nan klas la : Tra.2 : 37-40
Vèsè pou resite : Pyè reponn yo: Tounen vin jwenn Bondye, epi yonn apre lòt vin resevwa batèm nan non Jezikri, pou Bondye padonnen tout peche nou yo. Apre sa, n'a resevwa Sentespri, kado Bondye a.. Tra.2 :38
Fason pou fè leson an : Diskou, konparezon, Kesyon
Bi leson an : Montre nesesite pou kretyen rann temwayaj pou Levanjil la ka gaye nan peyi a.

Pou komanse

Tout anbasadè resevwa plen pouvwa de gouvèman l. Li reprezante peyi l nan yon lòt teritwa. Lè ou temwen Jezi-Kri pa janm bliye ke wap pale sou teritwa Satan. Li pap janm kontan si wap vle retire moun li yo anba men l. Men Kris bay nou tout pouvwa ki soti anwo nan syèl la jouk rive a tè. Pouki sa?

I. Se paske nou reprezante Senyè a ki nan wayòm li.

1. Li dwe pale nan non Jezikri pou ede moun yo reprann idantite èspirityèl ke yo te pèdi nan Adan depi nan Paradi a. Tra.2 :38
2. Li dwe pran desizyon onon de Jezikri : Li la pou l padonen peche moun ki kwè e livre bay Satan sa ki refize kwè. Jan20 : 23 ; 1Ti.1 :20
3. Li dwe fè reklam pou Levanjil. Ro.1 :16

II. Li dwe mennen nanm yo bay Senyè wàyòm nan
1. Ki jan ? Se gras a bon temwayaj lap rann pou Senyè a. Ro.1 :16 ; Tra. 3 :19 ; 5 :41
2. Se gras a mesaj yo lap preche a. Tra.2 :37
3. Se gras a mirak ak gwo bagay lap fè nan non Jezikri. Tra.4 :31

III. Ki jan Senyè a pral foure bouch nan sa ?
1. Li mande pou nou rele l alavans. Fil.4 :6
2. Li dispoze pou l aprouve tout desizyon anbasadè l pran. Se yon mwayen pou moun ka fè l konfyans. Mat.28 :20 ; Jan.20 :22-23
3. Li sèvi ak nou tankou ajans pou fè rekonsilyasyon. 2Kor.5 :20

Pou fini

Fòk mwen di w tou pou kite zanj yo jwe wòl yo tankou ajans sekrè nan gouvèman Kris la. Men kanta nou, se pou nou ale temwaye an piblik!

Kesyon

1. Ki wòl yon anbasadè ?
   Li la pou reprezante peyi l sou yon lòt teritwa.

2. Ki jan de pouvwa anbasadè a genyen ?
   LI kap pran tout desizyon nan non gouvèman l

3. Sou ki teritwa kretyen yo ap travay ?
   Sou teritwa Satan

4. Ki wòl yon kretyen nan monn saa ?
   a. Li la pou l fè reklam pou syèl la.
   b. Li la pou l pra ndesizyon nan non Kris.

5. Ki jan pou l fè mennen nanm yo a Kris?
   a. Gras a temwayaj li
   b. Gras a mesaj lap preche yo
   c. Gras a mirak ak gwo bagay lap fè nan non Jezikri

6. Ki jan Senyè pra l foure bouch nan koze saa ?
   a. Li mande pou nou wè li alavans.
   b. Li va aprouve alavans tout desizyon nou pran.
   c. Li pran nou tankou ajans pou mennen moun yo bay li.

7. Ki diferans genyen nan ka saa ant nou menm ak zanj yo ?
   Anj yo genyen yon ministè ansekrè secret.
   Nou menm nou gen yon ministè an piblik.

Leson 9   Yon kantite temwen nou pa ka konte

Tèks pou prepare leson an : Jen.37 : 18-20 ; 39 : 7-9 ; 46 :1-6 ; Egz.14 :1-16 ; Jig.4 :3-9 ; 1Sam.17 :44-47 ; Sòm.34 :1 ; Da. 1 :1-7 ; 3 :14-18 ; Ro.9 :1-3 ; 2Tim.1 :8-12 ; 2 :3-10 ; Eb.11 : 1-40

Vèsè pou li nan klas la : Eb.11 :32-40

Vèsè pou resite : Konsa, nou la nan mitan foul moun sa yo ki te moutre jan yo te gen konfyans nan Bondye. Ann voye tout bagay k'ap antrave kous nou jete byen lwen, ansanm ak peche a ki fasil pou vlope nou. Ann kouri avèk pasyans nan chemen Bondye mete devan nou an. Eb.12 : 1

Fason pou fè leson an : Diskou, konparezon, Kesyon

Bi leson an : Prepare kretyen yo pou kouwòn Jezi-Kri a.

Pou komanse

Si nou louvri bib nou nan chapit onz nan lèt ki te ekri a Ebre yo, nap trouve nou nan yon èstadyòm ki gen anpil etaj. E la nap wè yon kantite temwen pou Kris ke nou pap janm kap konte. Nap chwazi kèk nan yo, men nou pap bay ou non yo. Dapre sa nou di de yo ou va divinen de ki lès nap pale.

I. Men premye temwen an nan èstadyòm nan :

1. Mwen padonen frè m yo ki tap bat pou touye m nan. Jen.37 :18-20
2. Kounyeya, se mwen ki gen pouvwa nan yon peyi etranje, mwen bay yo tout rezidans. Jen.46 :1-6
3. Mwen refize dakò ak Madanm mèt mwen ki te vle m tonbe nan peche ak li pou m pa fè Bondye m nan fache. Jen.39 :7-9
   Ki moun mwen ye ?

II. Men twa (3) lòt temwen ankò
1. Wa chanje non nou, men li pat kapab chanje fwa nou nan Bondye. Da.1 :6-7
2. Nou te chwazi pou nou mouri tan pou nou te mete ajenou devan zidòl li a. Da.3 :14-18
   Eske w sonje non nou ?

III. Twazyèm : Di m ki lès temwen sa ?
1. Mwen pat pè kase batay ak yon jeyan sòlda paske li pèmèt li joure Bondye vivan an. 1Sam.17 :44-47
2. Mwen pase tout vi mwen ap loue Bondye. Sòm.34 :1

IV. Katryèm : Ki sa ou kap di de mwen ?
1. Se Pitit waa ki fè edikasyon m. Men malgre tout jefò li fè ak mwen, mwen te refize fèm sitwayen nan peyi l pou m sa defann pi byen enterè pèp mwen. Eb.11 :24-25
2. Pou m te sove pèp mwen, mwen te genyen sèlman Bondye m nan ak yon ti fwèt nan men mwen. Egz.14 :14-16

V. senkyèm : Eske ou ka rekonèt mwen ?
1. Mwen asèpte tout kalite soufrans pou tèt Kris. 2Tim.2 :3-10
2. Mwen ta pito mouri menm si sa te posib, si m ta wè tout ras mwen an te konvèti. Ro.9 :3

VI. Sizyèm : Ki moun ou wè nan foto saa ?
Kan yon bann veteran ap rale kò yo devan lènmi an, mwen mete fanm sou mwen, mwen kenbe nepe m, mwen al kontre ak yo. Oboudikont, mwen wete pèp mwen an nan èsklavaj. Jig.4 :3-9

Pou fini

Si nou chèche konnen, na wè ke gen yon kote yo tout sanble yonn ak lòt : : «Yo tout te deside defann kòz Bondye jiskalamò.». 2Tim.1 :8,12

E ou menm jodia, ki jan pou nou kap idantifye w ?

Kesyon

1. Chwazi nan 4 sa yo ki sa ki kalifye yon moun tankou temwen
   1. Henk ak vanjans
   2. Padon ak lanmou
   3. Krentif pou Bondye
   4. Endiferans a lènmi w

2. Di nou ki sa ki te kalifye 3 temwen yo ki te ansanm nan
   a. Pozisyon yo nan gouvèman an
   b. Fwa yo nan Bondye
   c. Diplòm yo te pran nan inivèsite

3. Di ki sa ki te kalifye twazyèm temwen an.
   a. Fwa li nan Bondye
   b. Anvi fè wè
   c. Lwanj pou Bondye vivan an
   d. Pran pozisyon pou non Bondye vivan an

4. Di ki sa ki kalifye katriyèm temwen an.
   a. Fwa li nan avni pèp li
   b. Espri moun kap defann dwa pèp li
   c. Fwa li nan Bondye
   d. Fwa li nan ti fwèt li te gen na men l

5. Pou ki ou pranm apre batay la?
   a. Pou yon fanm otoritè ki pa respèkte mari l
   b. Pou yon fanm ki devwe pou defann dwa pèp li
   c. Pou yon fanm kap fè enteresant chèch.
   d. Pou yon fanm vanyan ki gen fwa nan Bondye.

6. E ki jan ou ta kalifye m?
   a. Nan andirans mwen pou m soufri pou Kris
   b. Nan tit mwen tankou sitoyen romen
   c. Nan feblès mwen genyen pou pèp mwen sove

Leson 10   Rekonpans pou temwen yo

Tèks pou prepare leson an : Mat. 19 : 28 ; Lik.9 :26 ; Jan.14 :3 ; 2Kor.6 :2-3 ; Ef.1 :20-21 ; Eb.2 :11 ; 11 : 1-40 ; Rev.21 :4 ; 22 :5
Vèsè pou li nan klas la : Rev.21 :1-5
Vèsè pou resite : Li gen pou l' cheche tout dlo nan je yo. p'ap gen lanmò ankò, yo p'ap nan lapenn ankò, yo p'ap janm plenyen ankò, yo p'ap janm soufri ankò. Tout vie bagay sa yo pral disparèt. Rev.21 : 4
Fason pou fè leson an : Diskou, konparezon, Kesyon
Bi leson an : Ankouraje kretyen yo pou yo rete fidèl.

Pou komanse
Depi match fini, tout moun ki genyen yo ap tann rekonpans yo. E ki sa moun yo ki tap konbat ak la fwa nan Kris la kap espere ?

I. Jezi rezève pou yo yon prezantasyon ke yon wa sèl kap bay
1. Bondye pap jennen rele yo pitit Bondye. Eb.11 :16
2. Jezi pap jennen rele yo frè. Eb. 2 :11
3. Li pap jennen prezante yo devan Papa Bondye. Lik.9 :26

II. Jezi ap bay yo kouwòn li te pwomèt yo.
1. Lap siye tout dl oki nan zye yo. Rev.21 : 4
2. Li va mete yo chita a dwat li pou yo kap resevwa rochan.. Jan.14 :3 ; Ef. 1 :20-21
3. Li va mete yo chita sous twòn pou jije moun yo ki te refize konvèti yo, pou jije move zanj yo. Mat.19 :28 ; 2Kor.6 : 2-3

4. Li pral pataje rèy li ak glwa li ak yo pou tout tan gen tan. Rev.22 :5

Pou fini

Pwomès sa yo dwe ankouraje nou. Konsa, an nou jwe jwèt la byen.

Kesyon

1. Ki sa temwen fidèl yo ka espere nan Kris ?
    a. Tout soufrans yo va fini
    b. Yap gen la vi pou tou tan gen tan
    c. Yap resevwa Lonè ak kouwòn
    d. Yap pataje rèy nan ak Kris la pou tout tan gen tan.
    e. Yap chita nan tribinal la ansanm ak Kris pou jije rebèl yo ak move zanj yo.

2. Ki jan Bondye pra l akeyi yo lè yo rive nan syèl la ?
    a. Bondye pap jennen rele yo pitit Bondye
    b. Jezi jennen rele yo ti frè l.
    c. Li pap jennen tou prezante yo devan Papa Bondye.

3. Ki jan de kouwòn nap genyen ?
    a. Kris ap seche tout dlo nan zye nou.
    b. Li pral mete nou chita a dwat li pou nou resevwa rochan.
    c. Nou pra l reye ak li pou tout tan gen tan.

4. Vre ou fo
    a. Nan syèl ap gen yon seksyon Bondye rezève pou blan yo e yon lòt seksyon pou mete tout lòt moun yo. __V __ F
    b. Nap bezwen gen lafwa ak esperans pou nou viv nan syèl la _ V __ F
    c. Se lanmou sèlman nap bezwen pou nou viv nan syèl la. __ V __ F

Leson 11   Fè levasyon pitit ou tankou li te yon pitit wa

Tèks pou prepare leson an : Jij. 8 :18-19 ; Eze.34 : 31 ; Mat. 5 : 37 ; 7 : 7-12 ; Jan.12 :6 ; 1Kor.14 :33 ; Ef.5 :16 ; 6 :1-3 ; Ja.5 :12 ; 1Pyè.2 :9-10

Vèsè pou li nan klas la :   1Pyè 2 :1-10

Vèsè pou resite : Men nou menm, nou se yon ras Bondye chwazi, yon bann prèt k'ap sèvi Wa a, yon nasyon k'ap viv apa pou Bondye, yon pèp li achte. Li fè tou sa pou n' te ka fè tout moun konnen bèl bagay Bondye te fè yo, Bondye ki rele nou soti nan fènwa a pou nou antre nan bèl limyè li a. 1Pyè.2 :9

Fason pou fè leson an : Diskou, konparezon, Kesyon

Bi leson an: Ankouraje kretyen yo pou yo leve pitit yo ak respè pou tèt yo

Pou komanse
Fyète yon ti moun pa soti ni nan gwosè l, ni nan koulè l, ni nan bèl figi l. Li soti sèlman nan edikasyon ou bay li depi lakay. Ki jan pou w sa èlve pitit ou tankou yon pitit wa?

I. Li dwe konn pran rèskonsablite.
1. Li dwe fini tout devwa, tout travay li komanse.
2. Si li pèdi afè yon moun ou byen si li kraze l li dwe asèpte renmèt li.
3. Li dwe mete tout bagay nan plas yo avan li kite kote li soti, kit se te kay paran l ou nenpòt lòt kote. 1Kor.14 :33
4. Li dwe respèkte lè e li dwe fè chak bagay nan lè yo. Ef.5 :16

II. Li dwe aprann rèspèkte tèt li

1. Nan fason li abiye. Li pa la pou l imite vye bagay moun ap fè paske li pa yon ti makak. Bondye di : Se moun ou ye " Eze.34 :31
2. Chak kominote gen pwensip yo, abitid yo, edikasyon yo ak eksperyans yo. Se yonn nan rezon ki fè Papa Bondye bay yon lisans a chak paran pou se yo menm ki fè elevasyon pitit yo. Ef.6 :1-3

III. Ti moun nan dwe aprann pou li onèt.

1. Li pa dwe bay moun manti. Li dwe aprann respekte pawòl li.
   Mat. 5 :37
2. Li dwe respèkte byen moun ak dwa moun. Jan.12 :6
3. Li pa dwe pran anyen an kachèt. Li dwe mande paran l. E si paran di non, li dwe obeyi. Mat.7 :7
4. Si li prete machin nan, li dwe konnen pou l ranplase gas la li soti brile a avan li renmèt machin nan. Mat.7 :12
5. Ti moun nan dwe konnen ke ou fleksib men kant ou di wi se wi, kant ou di non se non. Jak.5 :12

Pou fini

Bat pou nou kap yon egzanp pou ti moun yo pou yo sanble ak nou nan sa ki bon yo.

Kesyon

1. Ki sa k ita dwe anbisyon yon paran?
   Pou l elve pitit li tankou yon ti pwens.

2. Ki jan pou yon ti moun kap pran reskonsablite l ?
   a. Li dwe fini sa li komanse.
   b. Li dwe repare domaj ke li fè
   c. Li dwe mete tout bagay nan plas yo avan l sòti.
   d. Li dwe rèspèkte lè

3. Koman devlope pèsonalite ti moun nan?
   a. Li dwe aprann respekte desizyon paran l
   b. Li pa la pou l imite lòt ti moun nan sa yap fè ki mal
   c. Li dwe abiye byen

4. Ki jan pou w aprann ti moun nan pou li onèt ?
   a. Li dwe respekte pawòl li. Li dwe gen mo.
   b. Li dwe respekte tout moun

Vre ou fo
1. Fòk nou bay ti moun nan tout sa l vle. __V__F
2. Fòk nou konfòme nou a san pou san a mòd syèk la. __ V __ F
3. Fòk ou pa janm bay ti moun nan manti. __V __ F
4. Fòk ou di ti moun nan non pou li aprannn respekte w. __V __F
5. Paran toujou gen rezon. __V __ F
6. Si ou ofanse yon ti moun, se pou w fè l eskiz. __ V __F

Leson 12 Fè levasyon pitit ou tankou li te yon pitit wa (swit la)

Tèks pou prepare leson an : Jg. 6 :12-15 ; 8 :18-19 ; 1Pi.2 : 1-10

Vèsè pou li nan klas la : 1Pi.2 :1-10

Vèsè pou resite : Men nou menm, nou se yon ras Bondye chwazi, yon bann prèt k'ap sèvi Wa a, yon nasyon k'ap viv apa pou Bondye, yon pèp li achte. Li fè tou sa pou n' te ka fè tout moun konnen bèl bagay Bondye te fè yo, Bondye ki rele nou soti nan fènwa a pou nou antre nan bèl limyè li a. 1Pi.2 :9

Fason pou fè leson an : Diskou, konparezon, Kesyon

Bi leson an : Ankouraje kretyens yo pou yo leve pitit yo ak respè pou tèt yo

Pou komanse
Ou menm papa, ki sa ou ta vle pitit ou devni nan la vi? Kite m bay ou 4 konsèy :

I. Devlope kay pitit ou yon gou pou bèl bagay.
1. Se pou w la pou w gide l nan sa lap chwazi.
2. Aprann li apresye sa moun fè pou li. Fè madanm ou konpliman devan ti moun yo. Pro.31 :28
3. Fè pitit ou gwo konpliman kan li reyisi. Pale de sa pou l santi ou fyè de li. Jij. 6 : 12

II. **Devlope kay pitit ou yon gou pou l fè sa lap fè pi byen nèt ale.**
   1. Pa kite l kontante l de bagay medyòk, mal fagote.
   2. Rekonpanse l kant li pase nan egzamen yo. Men sonje pa gen rekonpans pou travay li fè lakay la. Se devwa l tankou ou pafè manb fanmiy nan peye lwaye kay ni roulib pou al depoze l lekòl .
   3. Deviz nou tout se « fè bagay yo pi bon ».

III. **Devlope kay pitit yon gou pou sa ki gran**
   1. Ti frè Jedeyon yo te manm nan pi piti tribi nan peyi Izrayèl. Jij.6 :15
   2. Men papa yo elve yo tankou se te ti pwens. Ata lènmi yo rekonèt sa. Jij. 8 :18
   3. Kant a Jezi menm, li bay nou non ki estraodinè. Lè l fini, li mete tout planèt la anba pye nou. Mat. 28 :17-19 ; 2Kor.5 : 20

IV. **Devlope kay pitit ou tout kalite ki pou fè l djanm, pou l pa kapon.**
   1. Rakonte l istwa David ak Goliat.1Sam. 17 : 47 Apre li fin touye jeyan an, li pa l bese al fè piyaj. 1Sam.17 :53
   2. Rakonte l istwa Debora : Fanm sa te jij, profetès, poèt e li te komandan lame Izrayèl la. Li te delivre pèp la anba men filisten yo. Jij. 4 : 1-9

Pou fini
Kan pitit ou a vin yon vedèt, yon Star, tout moun ap bliye moun kote l soti ni koulè l. Se leve pou yo leve tèt gade l. Lè ou Star ou pa nwa ankò paske pa gen

yon zetwal ki nwa. Ke pitit ou pwens jodia pou l wa demen!

Kesyon

1. Ki pi bon fason pou w èlve pitit ou ? Tankou yon ti pwens ou ti pwensès

2. Pouki san ou dwe devlope gou sa ki bèl kay li?
   a. Pou li aprann apresye
   b. Pou li toujou bat pou l reyisi

3. Pouki sa nou devlope gou sa ki pi byen kay li?
   a. Pou l pa renmen fè bagay mal fagote.
   b. Pou ankouraje bon bagay li fè sof pou devwa l la kay la

4. Eske ou dwe rich pou w gen santiman yon pwens? Non

5. Bay mwen yon egzenp :
   Ti frè Jedeyon yo te manm nan pi piti tribi a. Menm lènmi yo rekonèt tout karaktè pwens kay yo.

6. Vre ou fo
   a. David touye Goliat ak non Dye vivan an.
      __V__ F
   b. Apre viktwa li sou Goliat li pat patisipe nan piyaj. __ V __F
   c. Débora riske vi l pou l delivre Izrayèl.
      __V __ F

Lis vèsè yo

Leson 1
Pyè ak Jan reponn yo: Jije nou menm kisa ki pi bon devan Bondye: Obeyi nou osinon obeyi Bondye? Pou nou menm, nou pa kapab pa pale sa nou wè ak sa nou tande.Ac.4 :19-20

Leson 2
Sa nou menm nou te wè a, sa nou te tande a, m'ap fè nou konnen l' tou pou nou ka viv ansanm yonn ak lòt nan lavi nou. 1Jan1 :3a

Leson 3
Men, Seyè a di li: Ale. Paske nonm sa a, mwen chwazi l' pou sèvis mwen, pou l' fè tout moun konnen non mwen, moun lòt nasyon yo ak tout wa yo ansanm ak pèp Izrayèl la. Ac.9 :15

Leson 4
Yo reponn li: Se nan peche ou fèt, epi ou konprann pou ou vin ban nou leson koulye a? Epi yo mete l' deyò nan sinagòg la.. Jan9 :34

Leson 5
9 Vini wè yon nonm ki di m' tou sa m' fè. Eske nou pa kwè se Kris la?? Jan4 :29

Leson 6
Bondye fè Jezi sa a leve soti vivan; nou tout nou temwen bagay sa a.Ac.2 :32

Leson 7
Se sak fè, se pa mwen k'ap viv ankò, se Kris la k'ap viv nan mwen. Ga.2 :20a

Leson 8
Pyè reponn yo: Tounen vin jwenn Bondye, epi yonn apre lòt vin resevwa batèm nan non Jezikri, pou Bondye padonnen tout peche nou yo. Apre sa, n'a resevwa Sentespri, kado Bondye a.

Leson 9
Konsa, nou la nan mitan foul moun sa yo ki te moutre jan yo te gen konfyans nan Bondye. Ann voye tout bagay k'ap antrave kous nou jete byen lwen, ansanm ak peche a ki fasil pou vlope nou. Ann kouri avèk pasyans nan chemen Bondye mete devan nou an. Eb.12 : 1

Leson10
Li gen pou l' cheche tout dlo nan je yo. p'ap gen lanmò ankò, yo p'ap nan lapenn ankò, yo p'ap janm plenyen ankò, yo p'ap janm soufri ankò. Tout vie bagay sa yo pral disparèt. Rev.21 : 4

Leson 11
Men nou menm, nou se yon ras Bondye chwazi, yon bann prèt k'ap sèvi Wa a, yon nasyon k'ap viv apa pou Bondye, yon pèp li achte. Li fè tou sa pou n' te ka fè tout moun konnen bèl bagay Bondye te fè yo, Bondye ki rele nou soti nan fènwa a pou nou antre nan bèl limyè li a.. 1Pyè.2 :9

Leson 12

Men nou menm, nou se yon ras Bondye chwazi, yon bann prèt k'ap sèvi Wa a, yon nasyon k'ap viv apa pou Bondye, yon pèp li achte. Li fè tou sa pou n' te ka fè tout moun konnen bèl bagay Bondye te fè yo, Bondye ki rele nou soti nan fènwa a pou nou antre nan bèl limyè li a.. 1Pyè.2 :9

Evalyasyon pèsonèl

1. Ki pwen nan seri leson sa ki te pi touche w ?

   _____

2. Ki sa ou jwen nan li

   a. Pou tèt pa w ?

   _____

   b. Pou fanmiy w ?

   _____

   c. Pou Legliz w ?

   _____

   d. Pou peyi w ?

   _____

3. Ki desizyon ou vle pran imedyatman apre klas la ?

   _____

4. Men sijesyon, mwen (Untel),
   Men sijesyon mwen pou Lekòl dimanch nan Legliz mwen :

   a._____

   b._____

   c._____

5. Kesyon pou w reponn a tèt ou sèlman

   a. Ki sa mwen vo pou Legliz la depi mwen la ?

   b. Ki sa mwen vle fè pou li vin pi miyò ?

   c. Si Jezi vini kounyeya, eske m pap wont akòz jan de fwi yo mwen kap prezante l ?

Dife 16-Seri 3

Benediksyon Bondye yo ak tout kondisyon yo

Avangou

Se pou premye fwa nan listwa bib la nap asiste a yon seremoni dedikas konsa : Nou wè dife desann soti nan syèl la pou brile sakrifis waa Salomon te ofri Letènèl pandan ke yon gwo nyaj plen tout tanp la. E se pa sa sèlman : Letènèl reponn pwen pa pwen a bèl priyè wa Salomon. Sete yon konvèsasyon ant syèl la ak tè a ki pèmèt nou jodia ekri seri Liv saa nou rele « *Benediksyon Bondye yo ak tout kondisyon yo* ». An nou mete nou ajenou nan menm pozisyon wa Salomon an e louvri zorey nou pou nou tande vwa gran Bondye nou an ke tout moun dwe respekte.

Pastè Renaut Pierre-Louis

Leson 1 — Salomon kap pwoche benediksyon Bondye.

Tèks pou prepare leson an : 1Wa 3 :7-13 ; 6 :20-38 ; Ekl.4 : 17 ; 5 :1-2
Vèsè pou li nan klas la : 1Wa.3 :4-15
Vèsè pou resite : Tanpri, ban mwen lespri veyatif pou m'ka gouvènen pèp ou a san patipri, pou m'konn sa ki byen ak sa ki mal. Si se pa sa, ki jan m'a fè pou m'gouvènen pèp ou a ak tout moun sa yo ki ladan l'1R.3 :9
Fason pou fè leson an : Diskou, konparezon, Kesyon
Bi leson an : Pale de imilite wa Salomon tankou premye pas pou yon moun jwen benediksyon Bondye.

Pou komanse
Zanmi mwen, si ou ta gen malè kwè ke Bondye pa egziste, al fè yon ti pale ak wa Salomon

I. Toudabò, ki jan nou kwè li komanse gouvèman l?
1. Jan nou wè l tou jenn gason an, se li menm ki te eritye tout richès wa David, papa l. 1Wa.3 :7
2. Malgré sa, Bondye vin ofri l pou l mete sou li ankò. Men li te pito mande Bondye 2 byen moun pa kap pran nan men l. Se sajès ak entelijans pou l dirije pèp la. 1Wa.3 : 9
3. Men anwo tèt sajès ak entelijans la li mande a, Bondye mete kan menm richès sou li ak yon vi long. 1Wa.3 :11-13

II. Dapre ou menm, ki premye ak li poze nan gouvèman l?

1. Piske Bondye lap sèvi a se Wa dè wa, li deside pou l bati pou li yon tanp kouvri ak lò tribò e babò. 1Wa. 6 : 20-21, 30   .
2. Silans dwe fèt depi nan chantye yap taye wòch pou konstriksyon tanp saa. Yo fè sa pandan sètan (7) Se pou okenn bri pa fèt nan konstriksyon an pandan tout sètan an (7). 1Wa. 6 : 7, 38

    Wap mande ki jan enjenyè yo, kontremèt mason yo ak travayè yo te fè pou yo kominike? Nou fin wè ke se ak sin yo pale. Se sa ki fè Mason lòj yo di ke relijyon yo a komanse depi nan konstriksyon tanp Salomon an. Se la yo adòpte sin masonik yo.
3. Salomon tap konsève menm pwensip pa pale nan Legliz la kant yon moun vin nan tanp la pou adore. Ekl. 4 : 17 ; 5 :1-2.

Pou fini

Wa Salomon chèche bagay ki chè pou l pote lè li vin adore Bondye. Ki jan Bondye pra l akèyi yo? Pi devan na wè sa.

Kesyon

1. Ki premye pa wa Salomon te fè pou l jwen benediksyon Bondye ?
   Li te gen imilite.

2. Ki sa li te mande Bondye ?
   Sajès ak entelijans

3. E ki sa Bondye te bay li ?
   Sajès ak entelijans , richès ak yon vi long met sou li.

4. Ki pi gwo ak li poze nan gouvèmn l ?
   Li bati yon tanp pou Letènèl.

5. Konbyen tan konstriksyon an te dire ?
   Sètan (7)

6. Ki sa ki fè nou reflechi nan zafè konstriksyon saa ?
   Pa gen okenn bri materyo ki te fèt.

7. Koman ouvriye yo te pale ?
   Ak sin.

Leson 2   Ki jan Letènèl te apresye jès wa Salomon an

Tèks pou prepare leson an : Jen.26 :15 ; Egz.21 :1 ; 1Sam. 15 :22 ; 16 :7 ; 1Wa.6 :1-13 ; 2Istwa.1 :10-12 ; 6 :41-42 ; Ekl.4 :17 ; 2Kor.9 :7
Vèsè pou li nan klas la : 1Wa.6 :9-13
Vèsè pou resite : M'ap rete nan mitan peyi Izrayèl la, mwen p'ap janm lage yo. 1Wa.6 :13
Fason pou fè leson an : Diskou, konparezon, Kesyon
Bi leson an : Montre ki jan Bondye apresye bon bagay nou fè

Pou komanse
Kan nou prezante ofrann nou bay Bondye, li gen balans pal pou l peze l, pou l sa apresye l. Li gade nou depi nan entansyon nou jouk nan ofrann nan avan li dedwanen benediksyon yo pou nou. Ki jan li pral apresye ofrann wa Salomon an?

I. **Li te kontan. Pouki sa ?** 1R. 6 : 11.
   1. Sa fè 480 lane depi pèp Izrayèl te kite Lejip. E depi lè saa Lach ki vle di prezans Bondye nan mitan pèp la, pat gen okenn kay sou tèt li. Men Salomon ki deside pou l fè yon kay pou li. 1Wa.6 : 1
   2. Letènèl pouse yon gwo kri de jwa ! 1Wa.6 :11

II. **Ki jan li te reponn a jenerozite waa ?**
    Li fè wa twa (3) gwo pwomès:
    1. Li di la mete gouvèman wa David la avi. 1Wa.6 :12-13
    2. Lap demere ansanm ak pitit Izrayèl yo. V. 13
    3. Lap pran swen yo toutan. V.13

III. Sèlman li poze twa kondisyon tou :
1. Salomon dwe pou l mete anpratik tout odonans Senyè a, sa yo rele mishpatim . Se lwa sivil ak lwa moral. Res.9 : Jen.26 :15
2. Li dwe obsève Lwaa. Se Toraa ki nan senk premye Liv nan bib la.
3. Li dwe obsève 10 komandman yo. Egz. 21 :1

IV. Ki sa nou aprann nan Salomon ?
1. Vrè richès yo se Sajès ak entelijans. 2Ist.1 :10-12
2. Respè nou dwe gen pou tanp Bondye a menm. Ekl.4 :17
3. Bondye renmen moun ki pa chich. 2Ist.6 :41-42 ; 2Kor.9 :7
4. Bondye pa kraponen pou bèl tanp nou yo, men li konsidere eta kè nou ki vinn nan tanp la pou adore l. 1Sam.15 :22 ; 16 :7

Pou fini
Respekte kondisyon nou ak Bondye ; Se yonn nan pi gwo sekrè pou nou jwen benediksyon l.

Kesyon

1. Ki sa Bondye gade avan kant nap prezante li yon ofrann ?
   Li gade entensyon nou

2. Pouki li te kontan konsa ak Salomon pou nouvel tanp la lap bati pou li a?
   Paske Lach te pase 480 lane san li pat gen yon kay pou l rete

3. Salomon deside pou l te bati yon kay pou li

4. Ki jan Bondye te reponn a jenerozite waa?
   a. Li pwomèt pou l bay li yon gouvènman a vi.
   b. Lap rete nan mitan pèp Izrayèl la
   c. Lap toujou pran swen pèp la

5. Ki kondisyon Letenèl te poze ?
   a. Se pou Salomon mete odonans Letènèl yo an pratik
   b. Se pou l obsève 10 komandman yo
   c. Se pou lobseve Lwa ki nan Tora a

5. Ki sa nou aprann de Salomon ?
   a. Richès tout bon vre a se Sajès ak entelijans.
   b. Fason nou trete tanp Bondye di ase ki jan nou gen respè pou Bondye.
   c. Bondye renmen moun ki pa chich.
   d. Bondye gade entensyon nou avan li gade ofrann nou.

Leson 3   Izrayèl pitit lejitim Letènèl

Tèks pou prepare leson an : Egz. 19 :5-6 ; Lev. 25 :55 ; Res.6 :22-27 ; Det. 7 : 6 ; 18 :9 ; 1Sam.17 :46 ; 2Wa. 17 :8 ; 2Ist.7 :14 ; Sòm.2 :7 ; 23 :1 ; 86 :8 ; 144 :15 ; Eza. 49 :6 ; Mat. 23 :9 ; 2Kor.1 :22
Vèsè pou li nan klas la : Egz.19 :1-9
Vèsè pou resite :   Koulye a menm, si nou koute sa mwen di nou, si nou kenbe kontra mwen an, se nou menm m'ap chwazi pou moun pa m' nan mitan tout pèp ki sou latè. Tout latè se pou mwen, se vre. Egz.19 :5
Fason pou fè leson an : Diskou, konparezon, Kesyon
Bi leson an : Pale nou de benefis Izrayèl te jwen kant Bondye pran li tankou pitit lejitim li.

Pou komanse

Nan Sòm.144 :15 Bib la di nou ke yon pèp ki pèp Bondye se pa de benediksyon li pa jwen. Ki pèp sa ?

I. **Se si la li pran tankou pitit lejitim li, pitit ki fèt nan maryaj la.**
   1. Li bay li batistè ki siyen nan non Papaa, Pitit la ak Sentespri a.
      Res.6 : 22-27
   2. Li mete so sou li. Res.6 :27 ; 2Kor.1 :22
   3. Pèp la dwe konsyan ke Bondye se papa l e li menm se pitit Papa l. Mat.23 :9
      Sa se dapre yon kontra ke Bondye li menm sèl te fè ak Izrayèl.

II. Se sila Bondye adòpte a :
1. Bondye mete tout Izrayèl ansanm e li rele l « Pèp mwen » 2 Ist.7 :14
2. Bondye pran tou chak jwif grenn pa grenn e li di ke chak jwif se esklav mwen yo ye. Konsa li vle ke chak jwif gen redevans a li menm pou kont li. Lev. 25 :55
3. Li vle ke Izrayèl pa mele ak okenn lot pèp sou la tè. Det.7 : 6
4. Li aji ak tout otorite sou Izrayèl.

III. Se sila li te fè yon pwomès sou tèt li a :
1. Bondye di ke lap chwazi l pami tout pèp ki gen sou la tè.
   Egz.19 :5-6 ; 2Ist.7 : 14
2. Li va klere yo pou yo jwen Sali nan Bondye. Eza. 49 :6

IV. E ki sa Bondye mande Izrayèl ?
1. Li mande l pou l pa kopye sou lòt pèp. Det.18 :9
2. Li mande l pou l respèkte prestij li ke li pitit Bondye. Li pa kapab nye idantite l. Sòm.144 :15
3. Tout lòt pèp yo dwe pou yo konnen ke Izrayèl gen yon sèl Bondye. 1Sam.17 :46
4. Yo dwe konnen ke Bondye Izrayèl la pa kanmarad okenn dye lezòm fabrike. Sòm.86 :8

Pou fini
Ki sa Izrayèl pa kapab fè la ? Pito Izrayèl lwe Bondye pou gras li pap fini !

Kesyon

1. Pouki nou di ke Bondye se papa Izrayèl ?
   a. Paske se li ki bay Izrayèl batistè e li siyen l ak non pa l.
   b. Li prezante l devan tout lòt pèp tankou pitit li
   c. Chak jwif gen redevans anvè Bondye.
   d. Li gen tout otorite sou yo.

2. Ki sa li mande Izrayèl pou l fè?
   a. Pou li pa kopye sa lòt pèp ap fè.
   b. Pou l konpòte l tankou pitit lejitim.
   c. Se pou tout moun konnen ke Izrayèl gen yon Bondye.
   d. Ke Bondye sa pa kanmarad okenn dye.
   e. Ke Izrayèl bay Letènèl glwa pou tout gras li yo

3. Ki sa nou rele yon kontra yon sèl moun siyen ladan? Se yon kontra kote yon moun deside ak pwòp tèt pa l pou l fè yon byen a yon moun ou a plizyè moun e li asèpte siyen pou l fè tout frè yo sou kont li.

Leson 4 Si pèp mwen an imilye l

Tèks pou prepare leson an : Egz.22 :21 ; Joz.9 :15 ; Det.7 :7-8 ;   24 :17 ;   1s.16 :7 ;   2Sam.21 :1-9 ; Lik.16 :25 ; 18 :9-14 ; 1Pyè.5 :5
Vèsè pou li nan klas la : Lik.18 :9-14
Vèsè pou resite : Paske, yon moun ki vle leve tèt li, y'a desann li, yon moun ki desann tèt li, y'a leve li. Lik.18 :14b
Fason pou fè leson an : Diskou, konparezon, Kesyon
Bi leson an : Montre ke devan Bondye pa gen moun pase moun

Pou komanse

Bondye pran sa pou abitid pou l chwazi bagay ki pa gen valè pou fèmen bouch moun ki kwè yo konnen. Pouki se Izrayèl, nasyon an ki pi piti a li te chwazi ? Det. 7 : 7

I. Izrayèl se yon nasyon Bondye fè yon favè. Li ta dwe konprann sa
   1. Li pa fè anyen pou li merite gras Bondye. Det. 7 :7-8
   2. Li konnen ke li dwe obsève tout lwa imigrasyon yo.
      a. Li pa fèt pou l maltrete imigran yo. Sonje ki jan Bondye pini Izrayèl paske wa Sayil te maltrete Gabawonit yo. Joz.9 :15 ; 2 Sam. 21 : 1-6,9
      b. Izrayèl pa gen dwa maltrete etranje yo. Egz.22 :21
      c. Li dwe respèkte dwa yo. Det. 24 :17.

3. Izrayel dwe konnnen ke li pa vo anyen devan Bondye.
Koulè, gwosè, ras ak richès yon moun genyen pa kap kraponen Bondye. Dayè se li ki fè nou. Se eta kè nou sèlman li gade. 1Sam.16 :7
Se pou tout moun rich sou tè kap konnen ke Bondye pa gen ranplasman li mete alavant nan syèl la. Poutan li louvri yon kanè Bank nan syèl pou Laza. Nan dènye jou a, li kap leve depozit li. Lik.16 :25

Pou fini

Sonje ke Bondye kenbe tèt ak moun ki ogeye, men li fè gras a moun ki gen imilite. Bat pou konsa. Konnen tou ke pa gen okenn pitit Bondye ki enferyè. Asèpte tout pitit Bondye pou frè w si ou vle Bondye rele w pitit.

Kesyon

1. Ki sa nou wè ki èspesyal nan leson saa ? Bondye chwazi bagay ki pa gen valè pou l fè moun save yo reflechi.

2. Ki sa Izrayèl dwe mete nan tèt li ?
   a. Li pa fè anyen pou li te kap merite gras Bondye
   b. Ke li pa anyen devan Bondye.

3. Ki fason li ta dwe konpòte devan etranje yo? Li pa dwe maltrete yo.

4. Poukisa? Se paske li te etranje nan peyi moun tou

5. Vreou fo
   a. Bondye ap vann tè pa moso nan syèl la pou pèmèt moun rich yo bati gwo chato.
   __ V __ F
   b. Laza gen kanè bank li nan Bank Bondye.
   __ V __ F
   c. Bondye gen prejije koulè.
   __ V __ F
   d. Lanfè pa gen dlo.
   __ V __ F
   e. Malgré jefò savan yo ak teknoloji, lanfè pap janm genyen lè kondisyonen.
   __ V __ F
   f. Bondye chwazi Izrayèl tankou yon nasyon pou li fè l favè
   __ V __F

Leson 5 Si pèp mwen an priye...

Tèks pou prepare leson an : Egz.20 :1-5 ; Sòm 23 :1-6 ; 37 :1-5 ; 118 :17-18 ; Plenn.3 :22 ; Ef.3 :20 ; Fil.4 :6-19 ; Jak.1 :17

Vèsè pou li nan klas la : Ph.4 :4-9

Vèsè pou resite : Pa bay kò nou traka pou anyen. Men, nan tout sikonstans mande Bondye tou sa nou bezwen nan lapriyè. Toujou chonje di l' mèsi tou lè n'ap lapriyè. Fil. 4 :6

Fason pou fè leson an : Diskou, konparezon, Kesyon

Bi leson an : Blayi devan tout moun richès Bondye genyen pou moun kap priye.

Pou komanse

Nap di sa jodia pou pèson pa di l pat konnen : Zafè lapriyè a se pa yon envansyon La NASA. Se Bondye ki vini ak li e li montre nou ki jan li sèvi. Pouki sa nou priye?

I. Pou Bondye li menm

1. Li mande nou priye pou bay prèv ke la tè se byen prive l. Ou kap mande l sa ou vle ladann.
2. Li bezwen bay prèv ke li gen resous ki pap janm fini. Nou pa gen okenn rezon pou nou enkyete. Plenn.3 : 22
3. Li bezwen bay prèv ke se li ki posede pi bon bagay. Jak.1 :17
4. Li dwe bay prèv ke li kap fè sa l vle ak tè a.

II. Pou lòm li menm.
1. Kant Bondye bay li , li resevwa.
2. Kant lòm resevwa, li dwe fè Bondye santi sa
   a. Nan lwanj ak remèsiman li bay Bondye. Ph.4 :6
   b. Nan temwayaj lap bay devan tout moun. Konsa li va fè piblisite pou Bondye. Sòm.118 :17

III. Ki sa ki enterese Bondye nan priyè nou ?
1. Li vle kenbe bon relasyon ak nou. Sòm.37 :4
2. Li jalou. Egz.20 :5
3. Komandman ki di « mwen pa vle nou vini ak lòt dye nan figi m, nou te kap di tou :
   a. Mwen pa aksepte okenn konkirans ak okenn dye pou kant nou ta bezwen Sante, Pwoteksyon, Avni nou… »
      Fil.4 : 6
   b. Mwen kap bay nou plis pase sa nou mande ou byen sa nou panse. Ef.3 :20
   c. Depi nou pranm pou bèje nou, nou pa gen anyen nap manke. Sòm.23 :1
   d. Mwen menm se Bondye ki kap bay nou tout bagay.Fil.4 :19

Pou fini
Kite koze, pran pawòl : E pouki sa ou pa priye?

Kesyon

1. Di ki kote ou kwè priyè soti
   Nan : __ LONI __ Nan La NAZA __Nan Bondye

2. Dapre Bondye, pouki rezon nou dwe priye?
   a. Se paske la tè se byen prive l. Ou kap mande l sa ou vle ladann.
   b. Li bezwen bay prèv ke li gen resous ki pap janm fini. Nou pa gen okenn rezon pou nou enkyete.
   c. Li bezwen bay prèv ke se li ki posede pi bon bagay
   d. Li dwe bay prèv ke li kap fè sa l vle ak tè a.

3. Pouki rezon lòm dwe priye?
   a. Paske li sou kont Bondye.
   b. Li dwe lwe Bondye pou bienfè li yo.
   c. Li dwe rann temwayaj pou Bondye devan tout moun.

4. Ki sa Bondye ap chèche nan priye nou ?
   a. Li vle gen bon relasyon ak nou.
   b. Li jalou, li pa vle tande pale de lòt dye devan l
   c. Li kap bay nou plis pase sa nou mande l.

Leson 6 Si pèp mwen an chèche m ankò...

Tèks pou prepare leson an : Jen.3:8; 4:16; Egz.33:20; Res.6:26; Det.34:10; Job.42:5; Eza.45:15; 59 :2 ; Sòm. 27:8; 89:14-15
Vèsè pou li nan klas la : Sòm27 :7-10
Vèsè pou resite : Sa m' te konn sou ou a, se sa lòt moun te di m' ase. Koulye a, mwen wè ou ak je mwen. Se konsa, mwen wete tou sa mwen te di. Mwen kouche sou sann ak nan pousyè, m'ap mande padon. Job.42 :5-6
Fason pou fè leson an : Diskou, konparezon, Kesyon
Bi leson an : Bay tou moun sekrè pou yo jwen Bondye.

Pou komanse
Chèche fas Bondye vle di chèche konnen adrès kote pou w jwen li. Koute sa Salmis la di : « Ou pale nan kè m, ou dim vin jwen ou. M ap vin jwen ou Senyè. Pa vire do ban mwen.» Sòm. 27 :8

I. Ki sa chèche menm vle di?
1. Chèche se bat pou w jwen yon bagay ke ou bezwen ou byen ke ou pèdi.
2. Men nan tèks kote nou ye a, chèche fas Bondye vle di « se pou w repanti, se pou w kite move vi wap mennen an, ni pinga ou blamen Bondye pou di ke l sere pou w pa jwen li. Eza 45 :15
3. Okontrè, li di ke se peche nou ki anpeche nou wè l, ki anpeche l koute nou. Eza.59:2

II. Ki jan bib la pale de fas Bondye?

Pou di verite, pa gen moun ki kap viv si l ta wè fas Bondye. Egz. 33:20

1. Wè fas Bondye :
a.   Se jwen benediksyon l, gras li ak lapè nan li. Res 6 :26
b.   Se jwi de bonte l ak fidelite l. Sòm. 89 : 14-15

III. Pouki sa menm nou chèche fas li ?
1. Se pou n kap fè pi gran eksperyans èspirityèl.
2. Si pou nou sispann fè vye diskisyon sou Bondye
3. Anfen, se pou kap repanti. Job 42:5-6
4. Nou va genyen you pi bon kominikasyon ak Bondye
    a. Sete eksperians Moyiz. Det. 34:10
    b. Adan ak Kayen, yo tap fui Bondye paske konsyans yo pat dwat. Jen 3:8; 4:16

Pou fini

Bondye envite Izrayèl chèche fas li. Eske ou vle enskri non w nan menm projet saa pou w ale jwen Jesu ?

Kesyon

1. Ki sa sa vle di : Chèche fas Bondye » ? Chèche konnen adrès li

2. Sa chèche vle di?
   Se bat kò w pou w trouve yon bagay ke ou bezwen.

3. Ki sa chèche fas Bondye vle di pou nou nan leson an : Sa vle di se pou chak moun repanti e pou yo pa di se lòt moun ki lakòz yap soufri

4. Ki sa ki lakòz nou pa kap wè Bondye ? Peche nou

5. Dapre syans teoloji a ki sa fas Bondye vle di?
   a. Se jwen benediksyon l, gras li ak la pè.
   b. Se jwi bonte l ak fidelite l.

6. Pouki rezon nou dwe chèche fas Bondye ?
   a. Pou nou kap fè plis èseryans èsprityèl ak li.
   b. Pou nou sispans fè vye diskisyon sou Bondye
   c. Pou nou repanti
   d. Pou nou gen yon pi bon kominyon ak li.

Leson 7 Si pèp mwen vire do bay vye peche yo tap fè yo…

Tèks pou prepare leson an : Jen.4 :1-16 ; Eza. 45 :22 ; 50 :10 ; 55 :7 ; Ez. 36 : 16-21 ; Lik.16 :29 ; Eb.9 :27

Vèsè pou li nan klas la : Eza.55 :6-13

Vèsè pou resite : Se pou mechan yo kite move chemen y'ap swiv la. Se pou malveyan yo wete move lide k'ap travay nan tèt yo. Se pou yo tounen vin jwenn Seyè a ki va gen pitye pou yo. Se pou yo tounen vin jwenn Bondye nou an, paske l'ap padonnen tou sa yo fè.Eza.55 :7

Fason pou fè leson an : Diskou, konparezon, Kesyon

Bi leson an : Pote pechè a pran desizyon pou l repanti

Pou komanse

Satan montre nou yon kòlonn chemen pou l kap genyen nou nan pèlen. Jezi ofri nou yon sèl chemen. Men pou nou jwen li, fòk nou asèpte kite vye wout krochi nou yo. An nou wè ki egzotasyon Bondye fè nou:

I. Lòm dwe repanti

Se pou mechan yo kite move chemen y'ap swiv la. Se pou malveyan yo wete move lide k'ap travay nan tèt yo. Se pou yo tounen vin jwenn Seyè a ki va gen pitye pou yo. Se pou yo tounen vin jwenn Bondye nou an, paske l'ap padonnen tou sa yo fè. Es.55 :7

II. Li dwe respekte sa konsyan li di l.
1. Plis li ale fon nan peche a, plis li gen traka pou l tande vwa Bondye Jen.4 :14
2. Li dwe louvri kè l pou l resevwa mesaj pawòl la. Bondye te avèti Kayen de konsekans rebelyon li. Li te tonbe paske li te gen tèt di. Jen.4 : 6-7
3. Pou Izrayèl menm, li dwe prese soti nan eta l. Tout délè li pran montre espri dezobeyisans kay li.
   a. Li dwe gen kouraj pou l fè vòltefas. Eza.45 :22
   b. Li dwe santi ijans pou l retounen jwen Letènèl. Se yonn nan rezon ki fè Bondye bay li eprèv pou oblije l tounen jwen li. Eze.36 :18

III. Li dwe konprann ke Bondye bay li yon gabèl
Izrayèl dwe pou l wè sa lap soufri pou l wè sa Bondye ofri l la pi bon.   Eza.45 :22

Li dwe koute mesaj Bondye nan bouch pwofèt yo. Eza.50 :10

Pou fini
Li te gen tan two ta pou nonm rich la. Lik.16 : 29
Pou ou menm, degaje w vit, paske si w rate syèl la, ou pa kapab rate dife lanfè. Eb. 9 :27

Kesyon

1. Ki kondisyon Bondye mete pou nou jwen li ?
   a. Nou dwe renonse a vye wout kwochi nou yo
   b. Nou dwe retounen jwen Bondye.

2. Ki sa nou dwe fè pou nou vin pi pre l ?
   a. Nou dwe louvri kè nou pou nou resevwa Pawòl Bondye
   b. Nou dwe obeyi l san reta.
   c. Nou dwe wè sa ijan pou nou kap retounen.

3. Ki sa Bondye fè pou fòse nou vini ?
   Li fè la vi a vin pi difisil pou nou

4. Ki sa ankò Bondye rekomande nou?
   Pou nou koute mesaj Bondye nan bouch pwofèt yo

5 Ki sa ki kap rive si nou rate syèl la ?
   Nan ka saa, nou pap rate lanfè.

Leson 8   Map tande yo depi nan syèl kote m ye a...

Tèks pou prepare leson an: 2Ist.7:14-16; Sòm 34:8; Mat. 6 :19-21 ; 18:10 ; Tra.3 :1-8 ; Ro.8 :1 ; Ef.2 :10 ; Kol.3 :1-3 ; Jak.1 :17 ; 2 Pyè.1 :21 ; 2 :9
Vèsè pou li nan klas la : 2 Ist.7: 14-16
Vèsè pou resite : Depi jòdi a, je m' louvri, zòrèy mwen pare pou m' tande tout lapriyè y'ap fè isit la. 2 Ist.7:15
Fason pou fè leson an : Diskou, konparezon, Kesyon
Bi leson an : Fè tout moun sonje ki kote tout gwo gras yo soti.

Pou komanse
Kan lòm ap gade nan li menm, li wè li kichòy. Men kant li leve zye l pou l gade anwo nan sèl la, li dekouvri tout gwo richès Papa Bondye. Se pou sa li di Salomon « lap reponn priye li yo depi nan sèl la ». 2 Ist. 7 : 14

I. Ki jan pou nou konprann zafè byen kap vini soti nan syèl la ?

Sa vle di ke ou pral komanse fonksyonen dapre volonte Bondye ;' wap blije mete volonte pa w a kote. An nou wè benediksyon yo kap soti anwo a pou nou :
1. Tout gras san parèy. Jak.1 :17
2. Tout don zero fòt. Jak.1 :17
3. Tout pwoteksyon ak tout viktwa nèt ale. Ro.8 :1
4. Tout délivrans total kapital. 2Pyè.2 :9
5. Tout révélasyon estraodinè. 2Kor.12 :-1-4
6. Tout gwo mirak ak gwo mèvèy ki soti nan Bondye. Tra.3 :1-8

7. Tout gwo koze Sentespri a revele nou. 2Pi.1 :21
   a. Bondye ap détache zanj anwo nan syèl pou vin anba rann nou sèvis. Sòm. 34 :8
   b. De tanzantan, Zanj yo ap pote rapò bay Bondye de tout bagay ki pase nan la vi nou. Mat.18 :10

II. Pouki Senye a fè l konsa ?

1. Se paske Bondye papa nou se wa e nou menm se ti pwens. Nou pa sitwayen planèt tè a pou toutan. Nou pa kap fè nou tris pou bagay materyèl ke nou pa genyen. Mat.6 : 19-21
2. Tout bon jan byen nou yo chita nan syèl la kote Jezi chita nan bò dwat Papa a. Kol.3 :1-3
3. Lè lap tounen vin chèche nou, nou pap gen nan malèt vwayaj pou syèl la, okenn plas pou bagay ki soti sou tè saa.

Pou fini

Depi jodia, mwen ta konseye w ouvri yon Kanèt bank nan Bank Bondye anwo nan syèl la. Mete vi ou tankou premye deposit nan kanè saa. Ogmante deposit sa ak bon zèv ke Bondye te mete la alavans pou w pratike yo. Ef. 2 :10

Kesyon

1. Ki sa Letènèl vle di Salomon nan mo saa : « Map reponn priye li yo depi nan sèl la ?
   a. Sa vle di ke li pral blije fonksyonen dapre volonte Bondye
   b. Lide pal yo a konte ankò.

2. Di kèk benediksyon li pral resevwa
   a. Tout gras san parèy.
   b. Tout don zero fòt.
   c. Tout pwoteksyon ak tout viktwa nèt ale.
   d. Tout délivrans total kapital.
   e. Tout révélasyon estraodinè
   f. Tout gwo mirak ak gwo mèvèy ki soti nan Bondye.
   g. Tout gwo koze Sentespri a revele nou.

3. Pouki Bondye fè sa dapre ou?
   a. Se paske Bondye se wa e nou menm se ti pwens
   b. Se paske nou plis sitoyen lòt monn nan ke pa bò isit la
   c. Tout byen nou chita anwo a
   d. Nou pa dwe kraponen pa anyen ki sou planèt tè a.

4. Ki pi bon Bank pou kretyen fè biznis? Bank Bondye

5. Ki premye deposit Bondye ap tann nou fè nan Bank li a ?
   Vi nou

6. Ki jan pou nou gwosi deposit la?
   Pou nou mete bon zèv ke Bondye li menm li te mete la pou nou pou nou pratike yo.

Leson 9   Map padonen péché yo…

Tèks pou prepare leson an : Egz.20 :3 ; 1R.11 :4-8 ; 2R.16 :13-14 ; Pr.29 :1 ; Es. 44 : 22 ; 45 :22 ; 55 :7 ; 57 : 15-16 ; Je. 10 :2-5 ; Ap.22 :15
Vèsè pou li nan klas la : Es.55 : 6-13
Vèsè pou resite : Se pou mechan yo kite move chemen y'ap swiv la. Se pou malveyan yo wete move lide k'ap travay nan tèt yo. Se pou yo tounen vin jwenn Seyè a ki va gen pitye pou yo. Se pou yo tounen vin jwenn Bondye nou an, paske l'ap padonnen tou sa yo fè. Es.55 :7
Fason pou fè leson an : Diskou, konparezon, Kesyon
Bi leson an : Bay lwanj pou konpasyon Bondye pou pechè yo.

Pou komanse

«Map padonen péché l yo…» Ala yon gwo kado papa Bondye fè nou menm pitit li ki koupab ! Ala yon lanmou ki san parèy ! Ala yon Bondye ki fidèl nan tout pwomès li ! Ki sa menm Izrayèl ta dwe konprann?

I. Li dwe reyalize ki jan Bondye renmen l

1. Izrayèl dwe konnen pwen sansib Letènèl. Eza. 57 :15-16
2. Bondye pa yon bouro kriminèl kap vin pou maltrete l.
3. Li pa non plis yon gran papa ki la pou tolere l.
4. Li menm se yon papa. Li pa bouke padonen fòt nou yo.
   Eza. 44 :22 ; 45 :22 ; 55 :7

II. Izrayèl dwe aji fwa li pou l kwe nan padon Bondye.

1. Bondye rayi moun ki koken. Yo fè espre ap jwe ak peche epi yo di Bondye bon lap padonen yo kan menm.
2. Bib la di Bondye ak kraze yo, yo pap chape. Pro.29 :1 ; Rev.22 :15

II. Li va padonen péché l.

Ki sa peche a ye ojis :

1. Se pa lòt bagay. Se move abitid Izrayèl genyen pou l adore zidòl yo. Bondye fache ak Izrayèl poutèt sa. 1Wa.11 :4-8 ; Jer.10 :2-5
2. Se zafè bòkò yo fè menm nan tanp la. Se la tou yo mete pwòp zidòl yo. 2Wa.16 :13-14
   a. Yo pa bay valè a delivrans Bondye te bay yo kant li te retire yo nan esklavj Anejip. Egz.20 :3
   b. Men se gwo bagay sa yo Izrayèl fè, ke malgre tou, Bondye dakò poul padonen l. Eza.55 :7

Pou fini

E kounyeya, ki moun ki ta kap refize jenerozite papa saa, ki tann men li bay nou pou sekoure nou? Tounen vin jwen mwen ! Se papa w mwen ye ! Mwen renmen ou ! Gen lè ou pa tande ?

Kesyon

1. Koman Izrayèl ta dwe konprann lamou Bondye pou li?
   Bondye pa yon bouro ni yon gran papa ; se papa nou li ye.

2. Jiska ki pwen Bondye padonen? Li pa bouke padonen

3. Nan ka saa, ki sa Izrayèl bezwen? La fwa ke Bondye padonen l

4. Ki sa ki kap rive l sil rejte padon sa? Bondye ap rejte l tou

5. Pou byen di, ki sa ki te peche Izrayèl ?
   a. Adorasyon zidòl
   b. Bòkò yo tap fè menm andedan tanp la

6. Jwen bon repons la.
   a. Bondye konnen ke mwen pa kapab reziste nan fèblès mwen.
   b. Bondye te pardonen David, li dwe padonen m tou.
   c. Mwen se moun mwen ye, mwen pa Jezi-Kri.
   d. Puiske Bondye padonen m, mwen dwe padonen frè m yo tou.

Leson 10   M ap fè peyi a kanpe ankò

Tèks pou prepare leson an : 1Wa.12 :16 -33; 15 : 15-19 ; 2Wa.17 :7-12;
2 Ist. 28 :16-25;
Vèsè pou li nan klas la : 2 Ist.7 :11-14
Vèsè pou resite : lè sa a si pèp ki pote non m' lan lapriyè nan pye m', si yo soumèt devan mwen, si yo pran chache m' ankò, si yo vire do bay vye peche yo t'ap fè yo, m'ap tande yo nan syèl kote m' ye a, m'ap padonnen peche yo, m'ap fè peyi a kanpe ankò. 2 Ist .7 :14
Fason pou fè leson an : Diskou, konparezon, Kesyon
Bi leson an : Mete nou okouran de movèz vi pèp Izrayèl la apre divizyon kite blayi nan 12 tribi yo.

Pou komanse
Depi Salomon te mouri ,se gagòt nèt ki te genyen nan vi sosyal, politik ak moral pèp Izrayèl. Wayòm nan te chire an de moso, ant pitit li Roboam e yon lènmi Salomon yo te rele Jeroboam. 1Wa.12 :16 Ki jan sa te ye?

I. Se te yon divizyon ki te fini ak peyi Izrayèl la
1. Roboam tap gouvènen nan tribi Jida ak Benjamen. 1Wa.12 :19-20
2. Jéroboam tap gouvènen sou 10 lòt tribi yo. Pou li wete nan lespri pèp la abitid ale adore Bondye nan vil Jerizalèm nan, li rele yon fòjon pou fè 2 dye pou li. Li mete yonn nan tribi Dan e lòt la a Betèl. Lè l fini, li rele pèp la e li di yo : Men Bondye nou an ki te delivre nou nan peyi Lejip la. 1Wa.12 : 30

II. Tout peyi a nan tenten.
1. Pa gen chèf kap gouvènen vre. Pa gen anyen yo fè ki ka bon, paske yo pa vle Bondye nan mitan yo. 1Wa.12 : 31-33
   a. Chèf yo al siyen kontra ak lòt nasyon san yo pa mete Bondye ladan. 1Wa.15 :15-19 ; 2 Ist.28 :16-25
   b. Satan ap vale teren. Pèp la tonbe nan sipèstisyon, prostitisyon, vol, krim, vyolans, koripsyon ou pa janm konn tande. 2Wa.17 :7-12
   c. Pa gen la pè. Pa pale de pwogrè. Peyi a malad grav.

Pou fini

Sonje ke pa gen kondanasyon pou moun ki fè Bondye konfyans. Li pa two ta. Tounen vin jwen li. Vini kounyeya. Gen lèspwa nan Jezi.

Kesyon

1. Ki sa ki te pase apre lanmò wa Salomon ?
   Peyi an te divize.

2. Ki moun ki te fè divizyon an ?
   Roboam pitit wa Salomon ak Jéroboam, yon gwo lènmi wa Salomon.

3. Ki tribi ki te rete ak Roboam ?
   Jida ak Benjamen

4. Ki lès ki te swiv Jéroboam ?
   10 lòt tribi Izrayèl yo

5. Ki konsekans sa te genyen?
   a. Roboam ak Jéroboam te toujou ap goumen
   b. Jéroboam fè de zidòl mete devan pèp la pou l adore tankou se te dye sa yo ki te sove yo anba Lejip
   c. Izrayèl fè kontra ak lòt nasyon yo san Bondye pa ladan.
   d. Pèp la tonbe nan pwostitisyon, idolatri, koripsyon, vyolans ak krim

Leson 11 Ma resi louvri zyem...

Tèks pou prepare leson an : 2 Ist. 7:15; 16:9; Sòm.33;13-19; Da.6:10; Mat.5:45; Lik.6:35; Jan.14:6
Vèsè pou li nan klas la : Sòm. 33 :13-19
Vèsè pou resite : Seyè a rete nan syèl la, li gade anba, li wè tout moun. Kote li ye lakay li a, li gade anba, li wè sa tout moun ap fè sou tè a. Sòm33 :13-14
Fason pou fè leson an : Diskou, konparezon, Kesyon
Bi leson an : Montre bonte Bondye pou pitit li

Pou komanse
Si m ta dwe bay ou yon konsey jodia, se pou w bat pou w pa mete w nan yon pozisyon pou Bondye bliye w. Eske w ou konn pouki?

I. Bondye tou patou.
Pandan li chita sou twòn li, lap kontrole tout moun ak tout bagay sou latè. Sòm.33 : 13
1. Se li ki bay nou tout sa nou bezwen, kit ou kretyen, kit ou pa kretyen.
    a. Ou pa bezwen lapriyè pou l bay ou lè, dlo, lapli, entelijans, somèy ak apeti. Mat.5 :45 ; Lik.6 :35
    b. Men si ou vle ale nan syèl la, li gen yon sèl prekripsyon : Se pou w rekonèt e asepte Jezi pou Senyè w ak Sovè w. Pa gen pèson ki kap rive kay papa Bondye san ou pa pase pa li. Jan.14 :6
2. Zye l pa bat menm pou l ap siveye tout pitit li yo e pou l sipòte yo. 2 Ist.16 :9

3. Men li gen zye louvri sou moun ki respekte l, ki gen krentif pou li.
   a. Pou li bay yo manje nan tan grangou. Sòm. 3 :18
   b. Pou proteje yo pou malè pa rive yo. Sòm. 33 : 18

II. Zorey li tou louvri pou tande priyè yo.
1. Bondye rétabli tout lin kominikasyon yo ak nou. 2 Ist.7 :15
2. Sèlman Izrayèl dwe chèche sinyal yo nan direksyon Jerizalem. Sa vle di li dwe pou l konsyan de prezans Bondye. Si se pa sa, li pap janmen jwen sinyal. Da.6 : 10

Pou fini
Nou menm ki Izrayèl graa a fwa nou, nou la pou menm kondisyon an. Yo sèl diferans : Nou menm, Jezi bay nou dwe pou nou priye papa Bondye nenpòt kote. 1Tim.5 :8
Eske nou pral neglije yon si gran privilèj?

Kesyon

1. Ki konsey nou te kap bay tout moun ?
   Se pou w pa mete w nan yon pozisyon pou Bondye ta kap bliye w.

2. Pouki sa ?
   a. Paske ou pa kap sere devan l. Li wè tout moun ak tou bagay.
   b. Paske zye l ouvè sou tou bezwen lòm.
   c. Paske li veyatif pou l pwoteje tout moun ki obeyi l.

3. Ki sak pase kant lòm repanti?
   Bondye retabli kontak yo pou li ant syèl la ak tè a.

4. Ki sa Izrayèl te gen pou l fè pou l jwen sinyal?
   Li dwe chèche direksyon Jerizalèm

5. Ki sa Kretyen yo gen pou yo fè pou yo jwen sinyal?
   Pou yo priye Papa Bondye nenpòt kote onon de Jezi.

Leson 12 Ki jan istwa wa Salomon an te fini ?

Tèks pou prepare leson an : 1Wa.2 :1-46 ; 4 :7-34 ; 10 :1-29 ; 11 :1-33
Vèsè pou li nan klas la : 1Wa.11 :1-8
Vèsè pou resite : Salomon tanmen fè sa ki mal devan Seyè a. Li pa sèvi l' ak tout kè li jan David, papa l' te fè a. 1Wa11 :6
Fason pou fè leson an : Diskou, konparezon, Kesyon
Bi leson an : Montre ke se la fen ki kote nan tout bagay.

Pou komanse
Si ou te la pou w tande repons Letènèl a diskou wa Salomon, ou ta poze tèt ou kesyon pou w mande, ki jan Salomon pral mennen gouvèman li. An nou gade atitid li lè l monte sou pouvwa a.

I. Nan komansman an, sa te mache byen :
1. Li te respekte Testaman politk David, papa l, sa vle di li debarase wayòm nan ak tout lènmi papa
   a. Li fè egzekite Joab, chef lame wa David la. Li mete Benaja nan plas li. 1Wa.2 :34-35
   b. Li mete Chimeyi, lenmi wa David nan rezidans siveye. Puiske li vyole konsin nan, Salomon fè touye l. 1Wa.2 :36-46
2. Li pran kèk desizyon pèsonèl tou :
   a. Li fè touye gran frè li Adonija ki te yon menas pou wayòm nan 1Wa.2 :13-25
   b. Li depoze sakrifikatè Abyata pake li te banke ak Adonija. 1Wa.1 :7-8 ; 2 :26-27
3. Li bati yon tanp an lò pou Letènèl. 1Wa.6 :11,22

4. Li te konpoze anpil mizik, li te konn bay anpil konsèy. Li te konn anpil plant e li pale de yo anpil. 1Wa 4 : 29-34
5. Nan tan li, se li ki te pi rich e ki te pi pisan sou la tè. 1Wa.4 :21-28 ; 10 :1-29

II. Li bandonen Bondye pou l sèvi zidòl
Li te gen 1000 madanm.
1. Madanm yo pran tèt li pou fè l adore zidòl yo. 1Wa. 11 : 1-5
2. Li bati gwo peristil pou Kemosh, dye Moabit yo, yon lòt peristil pou Molòk dye Amonit yo. 1Wa.4 : 7

III. E ki sak te rive apre sa?
1. Bondye kite misye sou pouvwa tout vi li poutèt yon pwomès li te fè wa David zanmi li.1Wa.11 :9-13
2. Men depi Salomon mouri, Bondye pèmèt tout lènmi Salomon yo leve kont li. E sila ki te mèt lènmi an menm se te Jeroboam.
1Wa. 11 : 29-33

Pou fini
Bondye toujou fidèl a pwomès li. Eske nou va fidèl nan pa nou tou ? An nou jwe jwèt la byen.

Kesyon

1. Ki sa Salomon te fè depi li pran pouvwaa?
   Li Egzekite tout sa papa l David te mande l fè.

2. Bay nou yon ti eksplikasyon.
   a. Li fè touye Joab, chef lame David la.
   b. Li fè touye Chimeyi, yon lènmi achane papa a.
   c. li bâti yon tanp annò pou Letènèl.

3. Ki jan de vi li tap mennen ?
   a. Li te moun nan ki te pi rich e pi pisans nan tan li tap viv la
   b. Li te konpoze anpil chan, li te konn bay anpil konsèy. Li te pale anpil de nati a.

4. Ki sa ki fè l chite ?
   Fanm deyò yo ki pran tèt li fè l adore zidòl.

5. Ki santans Bondye te bay ?
   a. Bondye fè tout lènmi l yo leve kont li.
   b. A lafen wayòm ni an te divize.

6. Di ki lè e pouki rezon wayòm nan te divize ?
   Sa te fèt apre lanmò l sèlman paske Bondye te vle respekte pwomès li te fè a wa Daivd ki te bon sèvitè l.

Lis vèsè yo

Leson 1
Tanpri, ban mwen lespri veyatif pou m' ka gouvènen pèp ou a san patipri, pou m' konn sa ki byen ak sa ki mal. Si se pa sa, ki jan m'a fè pou m' gouvènen pèp ou a ak tout moun sa yo ki ladan l'? 1R.3 :9

Leson 2
M'ap rete nan mitan peyi Izrayèl la, mwen p'ap janm lage yo. 1R.6 :13

Leson 3
Koulye a menm, si nou koute sa mwen di nou, si nou kenbe kontra mwen an, se nou menm m'ap chwazi pou moun pa m' nan mitan tout pèp ki sou latè. Tout latè se pou mwen, se vre. Egz.19 :5

Leson 4
Paske, yon moun ki vle leve tèt li, y'a desann li, yon moun ki desann tèt li, y'a leve li. Lik.18 :14b

Leson 5
Pa bay kò nou traka pou anyen. Men, nan tout sikonstans mande Bondye tou sa nou bezwen nan lapriyè. Toujou chonje di l' mèsi tou lè n'ap lapriyè. Ph. 4 :6

Leson 6
Seyè a ap veye sou moun ki gen krentif pou li. L'ap veye sou moun ki met espwa yo nan li paske yo konnen li renmen yo. Sòm33 :18

Leson 7
Nou moute sou yon gwo mòn byen wo pou n' al kouche ak fanm, pou n' al touye bèt nou ofri bay zidòl yo. Es.57 :7

Leson 8
Depi jòdi a, je m' louvri, zòrèy mwen pare pou m' tande tout lapriyè y'ap fè isit la.2Ch.7:15

Leson 9
Se pou mechan yo kite move chemen y'ap swiv la. Se pou malveyan yo wete move lide k'ap travay nan tèt yo. Se pou yo tounen vin jwenn Seyè a ki va gen pitye pou yo. Se pou yo tounen vin jwenn Bondye nou an, paske l'ap padonnen tou sa yo fè.. Es.55 :7

Leson 10
lè sa a si pèp ki pote non m' lan lapriyè nan pye m', si yo soumèt devan mwen, si yo pran chache m' ankò, si yo vire do bay vye peche yo t'ap fè yo, m'ap tande yo nan syèl kote m' ye a, m'ap padonnen peche yo, m'ap fè peyi a kanpe ankò.. 2Ch.7 :14

Leson 11
Seyè a rete nan syèl la, li gade anba, li wè tout moun. Kote li ye lakay li a, li gade anba, li wè sa tout moun ap fè sou tè a.. Sòm33 :13-14

Leson 12
Salomon tanmen fè sa ki mal devan Seyè a. Li pa sèvi l' ak tout kè li jan David, papa l', te fè a. 1R.11 :6

Evalyasyon pèsonèl

Ki pwen nan seri leson sa ki te pi touche w ?
_____

2. Ki sa ou jwen nan li
a. Pou tèt pa w ?
_____

b. Pou fanmiy w ?
_____

c. Pou Legliz w ?
_____

d. Pou peyi w ?
_____

3. Ki desizyon ou vle pran imedyatman apre klas la ?
_____

4. Men sijesyon, mwen (Untel),
   Men sijesyon mwen pou Lekòl dimanch nan
   Legliz mwen :
   a._____
   b._____
   c._____

5. Kesyon pou w reponn a tèt ou sèlman
   a. Ki sa mwen vo pou Legliz la depi mwen la ?
   b. Ki sa mwen vle fè pou li vin pi miyò ?
   c. Si Jezi vini kounyeya, eske m pap wont akòz jan de fwi yo mwen kap prezante l ?

Dife 16- Seri 4

Letènèl, Chèf lame pèson moun pa kap bat

Leson 1 Bondye kanpe vizavi lènmi an.

Tèks pou prepare leson an : Jen.49 :1-12 ; REs.2 :3-9 ; Jij.1 :1-2 ; Es.2 :1-3 ; Mich.5 :1 ; Mat.5 : 35 ; Rev.5 :5

Vèsè pou li nan klas la : Jen.49 :8-12

Vèsè pou resite : Yo p'ap ka wete kòmandman an nan men Jida. Non. Baton kòmandman an p'ap soti nan mitan janm li, jouk tan moun tout pèp sou latè pral obeyi a va vini.. Jen. 49 :10

Fason pou fè leson an : Diskou, konparezon, Kesyon

Bi leson an : Bat bravo pou Jezi-Kri, chanpyon nou an

Pou komanse

Kant yon moun gen pou l reyisi nan la vi, depi nan parèt li ou wè sa. Mwen vle pale de Jida, pitit patriyach Jakòb la. Kote sa soti ke li toujou gen viktwa ?

I. Li genyen benediksyon papa l sou li.

1. Avan l mouri, Jakòb mete men sou li pou l bay otorite yon wa sou tout frè li yo. Jen.49 : 8
2. Se konsa ke wa Jida yo se yo menm sèl Letènèl rekonèt.
3. Jezi soti nan tribi Jida. Jakòb te di yo va rele l Chilo ki vle di Mesi a. Jen.49 : 9-10 ; Mich.5 :1 Jezisoti nan ras David, wa Jida. 2Sam.2 :11 ; 1Wa.2 :11
    a. Lapòt Jan rele Jezi Lion de Jida ». Rev.5 :5 Se li sèl ki te gen otorite pou louvri liv la ki te gen 7 so sou li a. Rev.5 :5

II. Ki te pozisyon Jida nan batay Izrayèl yo
1. Se li ki pou nan premye ran.
2. Se li ki pou di « an avan ! mach ! Res.2 :3,9
3. Sonje nan seleksyon pou komanse premye batay pou al pran peyi Kanaran an, Letènèl mande pou se Jida ki atake an premye.
   Jij. 1 : 1-2
   a. Vil Jerizalèm ke Bondye rele Vil Bondye a trouve l nan teritwa Jida. Mat.5 :35
   b. Betleyem kote Jezi te gen pou fèt la, trouve l nan teritwa Jida.
      Eza.2 :1-3 ; Mich. 1 :5
   c. Jezi gen san wa nan kòl paske li soti nan ras wa David. Yo relel premye ak dènye. Lik.1 :32
   d. Bib la rakonte nou tout istwa l. Pèson pa gen dwa ni mete ni wete ladan.
      Rev.22 :18-19

Pou fini
Bat pou nou gen Jezi devan nan tout batay nou yo nan la vi saa. Si se konsa, nou gen viktwa nou chita la avan batay la komanse.

Kesyon

1. Ki sa Chilo a vle di ?
   Mesi a, Lyon Jidaa

2. Ki moun ki te bay Jida otorite yon wa sou tout frè l yo? Papa l Jakòb

3. Ki sèl moun ki gen dwa louvri Liv la ki gen 7 so sou li a? Jezi, Lyon Jida a

4. Pouki sa ? Paske li te gen tout viktwa yo, paske Liv sa pale de tout istwa li.

5. Ki pozisyon Jida nan batay yo? Se li ki pou alatèt.

6. Ki vil nou konnen   ki pa Bondye menm ?
   Jérizalèm

7. Ki kote li bati ? Nan teritwa Jida.

8. Pouki sa nou di ke Jezi soti nan ras wa?
   a. Li soti nan ras wa David.
   b. Li soti de Letènèl Bondye Papa nou ki wa nan syèl la

Leson 2   Letènèl Bondye oganize plan batay nou yo.

Tèks pou prepare leson an : Egz.14 : 1-31 ; 15 :1-20
Vèsè pou li nan klas la : Egz.14 :19-28
Vèsè pou resite : Zanj Bondye ki t'ap mache devan moun pèp Izrayèl yo chanje plas, li pase dèyè. Nwaj ki te devan yo a chanje plas tou, li pase dèyè yo.
Egz.14 :19
Fason pou fè leson an : Diskou, konparezon, Kesyon
Bi leson an : Montre nou video Travèse La Mè Rouj la

Pou komanse
Depi nou pèdi la fwa, nenpòt bagay kraponnen nou. Sèl Bondye ki kap fè w reprann sans ou. Pou nou bay ou yon egzanp byen klè, an nou pran randevou bò La Mè Rouj la.

I. Men de kan vizavi yonn lòt
1. Yon bò nou wè Fararon byen fache kap fonse a tout vitès ak gwo cha de gè li, ak yon gwo lame dèyè l pou l al pran jwif yo, ki te ansyen esklav li yo. Li vle fè yo retounen vin fè kòve pou li . Egz.14 :6-9
2. Yon lòt bò, nou wè pèp jwif la kap kriye devan Moyiz paske yo pa wè kote pou yo chape kò yo. Yo plis gen lide bay la gan y a Fararon tan pou yo noye tèt yo nan La Mè Rouj. Egz.14 : 11-12
3. Moyiz pa pran presyon. Li pito voye yon telegram bay Letènèl. Egz.14 :15

II. Bondye rantre nan jwèt la
1. Lanj Letènèl la al ranje moun yo ki pi fò a devan. Egz.14 : 19
2. La menm, li tounen dèyè pou bay kouraj a sila yo ki pi fèb la. Egz.14 :19
3. Li limen yon gwo limyè sou wout sila yo ki pi brav la. La menm tou , li monte yon gwo rido de plizyè kilomèt lepesè ant Ejipsyen yo e pitit Izrayèl yo. Yonn pa kap wè lòt ! Egz.14 :19

III. Ki jan sa te fini
1. Kan Izrayèl fin travèse La Mè Rouj la, san menm pye yo pa sal, se tankou Bondye te yon abit, li rale siflèt li , li sifle pou fè tout moun konnen ke match la fini. Egz.14 :26-28
2. Fararon ki pa konn si match la fini, li antre nan La Mè Rouj la pou lal rapousib pitit Izrayèl yo. Se nan nouvèl nap aprann ke lap bat poul bwè tout dlo La Mè Rouj la. V.28
3. Pandan ke Lejip ap mete sin dèy devan pòt yo, Izrayèl ap chante Im nasyonal li pou di ki jan Bondye delivre l. Se Mari sè Moyiz la ki te konpoze chan saa. Egz.14 : 30-31 ; 15 :1-5

Pou fini
Letènèl ap konbat pou w. Ou menm, pran sans ou. Egz.14 : 14

Kesyon

1. Ki sa ki te fè Farawon pa gen tande ?
   Li te vle fè jwif yo tounen nan esklavaj

2. Pouki rezon jwif yo te kraponen?
   Yo te prefere tounen nan esklavaj la tan pou yo te mouri noye nan dlo a.

3. Ki lès nan de ka sa yo Moyiz te chwazi? Okenn nan yo. Li pito voye yon telegram bay Letènèl.

4. Ki jan Bondye antre nan jwèt la?
   a. Jezi, ki rele Lanj Letènèl la, ranje tout vanyan solda yo devan.
   b. Li voye yon gwo limyè sou wout yo pou klere yo. Li mete tou yon gwo rido tou nwa pou bare Farawon ak tout lame l la pou mete l nan tenten

5. Ki sa ki te pase kan Izrayèl fin travèse La Mè Rouj la? Farawon ak tout lame li a, antre nan dlo a. Yo mouri la.

6. Ki 2 tablo nou wè apre travèse saa ?
   a. Ejipsyen yo ap konte kadav.
   b. Izrayèl ap chante chan viktwa ak endepandans yo

Leson 3 Bondye pa pran nan kout sipriz

Tèks pou prepare leson an : Egz. 17 : 8-16; Pro.3 :26 ; 1PPyè.5 :8-9
Vèsè pou li nan klas la : Egz.17 :8-16
Vèsè pou resite : Paske se Seyè a ki tout espwa ou. Li p'ap kite ou pran nan pèlen. Pro.3 :26
Fason pou fè leson an : Diskou, konparezon, Kesyon
Bi leson an : Bay Bondye glwa pou vijilans li

Pou komanse

Eske w kwè ke yon lènmi kap atake yon pitit Bondye toudenkou? Si se vre, mwen dwe regrèt sa pou Amalèk. Se de li mwen pral pale nou kounyeya.

I. Pouki sa Amalèk vin atake Izrayèl sanzatann?

1. Bondye fèk wete Jwif yo anba 430 an esklavaj nan peyi Lejip.
2. Ki moun nou kwè ki vin kase batay ak yo sanzatann ? Amalèk.
   Amalèk saa se yon pitit pitit Ezaou, ki donk ti neve Jakòb. Esaou ak Jakòb, de frè sa yo lènmi depi 430 an. Yo pa janmen rekonsilye. Kounyeya, pitit Ezaou yo rele Amalèk la vin tire vanjans.

II. Ki jan Izrayèl pral fè pou defann li?

1. Izrayèl mete tout konfyans li nan menm Bondye a ki te retire l nan peyi Lejip e ki te fè l travèse La Mè Rouj san soulye yo pat menm mouye. Egz.12 :40 ; 17 :8
2. Kanta Moyiz menm, li pase Jozye lòd pou l rasanble grenn gason, pou l pran pozisyon l pou l al kontre lame Amalèk. Egz.17 :9

3. Moyiz chita sou ti dodann Refidim nan, Li leve byen wo vèj Bondye a, e li mande Ben ak Arawon pou bay li kout men. Egz.17 :8-9
4. Jozye make pwen ou byen pèdi pwen, sa depan si Vèj la leve ou sil bese. Egz.17 :11

III. Koman batay la te soti ?
1. Jozye bat Amalèk. Egz.17 :13
2. Depi lè saa, Letènèl déklare la gè kont Amalèk pitit alamanmèl. Egz.17 :15

IV. Ki moun Amalèk reprezante?
1. Li sanble ak Satan ki pa janm bay chans. 1Pi.5 :8
2. Li sanble ak vye tanperaman nou ke nou toujou ap pwoteje.

V. Ki jan pou w gen viktwa sou li ?
1. Fòk nou konfese l
2. Fòk nou chèche genyen yon konpayon pou priyè. Egz.17 :12
3. Fòk nou lite ak konviksyon e pèseverans nan priyè nou. 1Pyè.5 :8-9

Pou fini
Jozye te bat Amalèk paske li te gen Moyiz, Arawon ak Ben pou leve vèj la. Nou menm tou, bat pou nou gen konpayon priyè kap lite ansanm ak nou pou nou gen viktwa nan konba la vi a. Egz.17 :16

Kesyon

1. Ki pi gwo erè lènmi nou yo konn komèt ?
   Kant yo kwè yo kap gen viktwa sou nou kant yo atake nou sanzatann

2. Ki moun Amalèk la te ye?
   Se pitit pitit Ezaou , se ti neve Jakòb.

3. Pouki sa li te vin kase batay ak Izrayèl ?
   a. Se paske papa l Ezaou e tonton n Jakòb te lenmi e yo pat janmen rekonsilye.
   b. Amalèk vin tire vanjans pou papa l.

4. Ki jan Moyiz te ranje batay la pou Izrayèl ?
   a. Li pase Jozye lòd pou l fòme yon lame pou al konbat Amalèk.
   b. Nan menm moman an, li chita sou dodann Refidim ak vèj Bondye a nan men l.

5. Ki sa nou te remake sou vèj la?
   a. Kan Moyiz leve l , Izrayèl te pi fò.
   b. Kan li te bese l, Amalèk te pi fò.

6. Ki sa Moyiz te fè pou korije pwobèm saa ?
   Li mande konkou Ben ak Arawon pou ede l soutni vèj Bondye a.

7. Ki sa Amalèk ye pou nou?
   Satan ak peche nou toujou trouve eskiz pou li

8. Ki sa nou kap fè pou dominen yo?
   Nou dwe chèche genyen konanyon priyè.

Leson 4   Letènèl menm ranje plan batay nou.

Tèks pou prepare leson an : Jen.49 :8 ; Det.23 :12-14 ; 1Sam.17 : 47 ; 2Sam.5 : 17-25
Vèsè pou li nan klas la : 2Sam.5 : 17-25
Vèsè pou resite : Lèfini, li di: -Tankou yon lavalas, Seyè a pase, li louvri yon pasaj pou mwen nan mitan lènmi m' yo. Se poutèt sa yo rele kote sa a Baal Perazim. 2Sam.5 :20b
Fason pou fè leson an : Diskou, konparezon, Kesyon
Bi leson an : Bay Bondye glwa pou bon fason li ranje plan batay nou

Pou komanse
Nou kanpe byen trankil pou asiste seremoni David ki pral wa, kant bri kouri ke Filisten yo vin atake l sanzatann.

I. Ki sa nou kwè David te fè nan atak saa?
1. Li desann lamenm nan kasèn nan pou l prepare l pou l goumen. 2Sam.5 : 17
2. La menm li rele Letènèl pou l konnen ki sa pou l fè. 2Sam.5 : 19
    a. Bondye di l pou l atake tou swit. Filsiten yo pete kouri. 2Sam.5 :20
    b. Yo kite tou zidòl yo ak byen yo a tè a pou yo chape kò yo. 2Sam.5 :21
    c. David pran bat chabari dèyè do yo. Li temwaye ke Letènèl gaye lènmi li yo tankou dlo sal kap kouri nan savann nan. Sèlman, lènmi a ap retounen !

II. Ki sa David te fè nan yon lòt atak ankò?
Li rele Letènèl, men fwa saa Letènèl chanje taktik.
1. Li di David pou l atake yo pa dèyè. Li menm Letènèl, li pral anlè men vizavi pye gayak yo. 2Sam.5 : 23
2. Kan David a tande bri pye Letènèl kap pase sou pye gayak yo , la konnen pou l kouri tout swit pou frape lènmi yo, paske sa vle di Letènèl pran devan pou al konbat filisten yo.Ala yon bèl mannèv ! 2Sam.5 :24

III. Pouki sa nou kwè Letènèl fè l konsa kounyeya?
1. An nou wè bo kote profesi ki te fèt sou Jida: Jakòb te deklare ke que Jida pral mete men li **dèyè kou lènmi yo.** Jen.49 : 8
Loske David wa Jida atake yo pa dèyè pou bat yo, li akonpli profesi saa.
2. An nou wè bò kote pa David :
Li te gen pou l fè konfyans nèt a Letènèl ki sèl gen dwa deside plan batay yo. Egz.14 :14
3. An nou wè bò kote Letènèl :
a. Li konn twòp mwayen pou delivre nou. Moun pa kapab devine ki sa li pra l fè, ni ou pa kap bay Bondye konsèy. 1Sam.17 :47
b. Rezon ki fè li pa desann, li pito rete anlè, se paske lame a nan raje, e kote goumen an pral fèt la, pa genyen latrin. Sòlda yo ka fè bezwen yo atè. Bondye nou an ki sen pap pile malpwòpte.
Det.23 :12-14

Pou fini
Kretyen, se pa de filisten ki nan vironn nou ! Rele Letènèl e pran gad nou !

Kesyon

1. Ki lè filisten yo trouve pi bon moman pou atake David ? Kan li te nan fèt, kan li pat pare pou goumen, lè yo tap sakre l wa

2. Ki jan David te jere sityasyon an?
    a. Li desann tou swit nan kasèn nan e li mete tout solda yo sou goumen.
    b. La menm li rele Letènèl pou l konnen plan batay la.

3. Ki jan batay sa te soti ?
    a. Filisten yo pete kouri.
    b. Yo lage zidòl yo ak tout byen yo a tè pou sove vi yo.
    c. David charye tout pote ale.
    d. David bay Bondye glwa.

4. Ki jan dezyèm batay la te fèt ?
    a. Bondye mande David pou l atake filisten yo pa dèyè.
    b. Li dwe tann bri pye Letènèl sou tèt pye gayak yo avan li kouri atake.

5. Pouki sa Letènèl chanje taktik?
    a. Pou David aprann mete tout konfyans li nan Letènèl.
    b. Pour montre nou ke Bondye pa manke metòd pou delivre.
    c. Pour prouve profesi Jakòb te fè sou Jida. Li gen pou l mete men sou kou lènmi yo.
    Note byen : Si ou pa atake yon moun pa dèyè, ou pa kapab mete men sou kou l.

Leson 5 Bondye parèt menm kant nou anafè ak yon grenn moun

Tèks pou prepare leson an : 1Sam. 17 :1- 58
Vèsè pou li nan klas la : 1S.17 :45-51
Vèsè pou resite : Wi, tout moun ki sanble isit la a va wè Bondye pa bezwen ni nepe ni frenn pou delivre pèp li a. Batay la rele l' pa l'. Se li menm ki pral lage tout moun Filisti yo nan men pèp Izrayèl la.
1Sam.17 : 47
Fason pou fè leson an : Diskou, konparezon, Kesyon
Bi leson an : Montre koman Bondye réaji kan yon pitit li riske vi l pou sove repitasyon l.

Pou komanse
Ke pèson pa fè gran banda kant li konprann li pral atake yon pitit Bondye. Se sa Goliat pral aprann, men ki pral koute l byen chè.

I. Ki jan li pral kare goumen ak Izrayèl ?
1. Bib la pa bay nou ki rezon pou batay sa te fèt.1Sam.17 :1
2. Nou sèlman konnen ke Goliat te vle seye ponyèt li sou Izrayèl e se lè batay la a fini, ya konnen ki kan ki genyen.1Sam.17 :8-10
3. Li mete konfyans nan fòs ponyèt li e nan Dye li yo.1Sam.17 :23,43
    a. Li bay Izrayèl defi pandan 40 jou. 1Sam.17 :16
    b. Pa gen moun ki vle pwoche jeyan saa. 1Sam.17 :24

II. Ki jan yo arive bat li?

1. Bondye te fè jou saa sa tout yon lame pat kapab fè.
2. Puiske batay la pral fèt nan peyi Jida, Lyon Jida dwe pou li prezante.
3. Sa va pito yon batay ant Bondye ak Satan.
   a. Bondye pral chita anndan yon nonm san l mache pou li pou l sa konbat Goliat ki le Dyab an pèsòn. 1Sam.17 : 48-50
   b. Letènèl chwazi David pou reprezante l: San okenn esperyans nan la gè, li vide jeyan a tè ak yon ti wòch nan yon ti pistibal. 1Sam.17 : 50

III. An nou fè yon ti komantè

1. Lè Bondye chita nan la vi w, li pa bezwen jile antibal pou proteje l. 1Sam. 17 :39
2. Pitit Bondye pa bezwen menm pwoteksyon yon wa kant Bondye lonje men l pou l pwoteje l. 1Sam.17 : 38-39
3. Se Bondye sèl ki gen dwa chwazi ni moun pou konbat, ni metòd pou konbat l. 1Sam.17 :32, 40
4. Ni vye zidòl, ni mo sal nan bouch mechan yo pa kap kraponen Bondye nou an. 1Sam.17 :43

Pou fini

Jeyan enposiblite yo menase nou tou patou. Dèke ou renmèt Bondye batay la, ou te mèt komanse bat bravo pou viktwa w ki déjà asire.
Sòm 37 :5

Kesyon

1. Dapre ou menm, pouki sa Goliat te vle kase batay ak Izrayèl ?
   a. Li te vle montre gwo nèg li.
   b. Li te vle bay glwa a dye li yo
   c. Li te bezwen joure Dye Izrayèl la

2. Ki jan li fè pedi batay la ?
   Se Lyon Jidaa ki antre nan David pou vide l atè, pou touye l

3. Pouki sa David pat bezwen rad lagè pou batay sa ?
   a. Paske Bondye ki chita nan vi David la pat bezwen sa.
   b. Bondye te gen rezon pèsonèl li pou l defann non l.

4. Men sis (6) jeyan devan nou. Di (4) nan yo nou pi pè
   a. Depòtasyon
   b. Revokasyon
   c. Dout
   d. Perèz,
   e. Maladi
   f. Lanmò

Leson 6 Kantite lènmi ou pa kraponnen Letènèl

Tèks pou prepare leson an : 1Sam.14 :6 ; 2 Istwa. 14 : 1-14

Vèsè pou li nan klas la : 2 istwa.14 :7-14

Vèsè pou resite : Seyè, se ou menm ki Bondye nou. Fè wè pesonn pa ka kenbe tèt avè ou! 2Istwa.14 :10

Fason pou fè leson an : Diskou, konparezon, Kesyon

Bi leson an : Montre ke tout zèl Bondye genyen pou defann nou, li soti nan fwa nou mete nan kapasite l.

Pou komanse
« Mwen renmen tande Jonatan, pitit wa Sayil, lè li di : « Letènèl pa gen pwoblèm pou l bay nou viktwa kit nou te anpil, kit nou pat anpil. Pouki sa pou nou pè kantite lènmi nou yo? An nou pase mikro a bay Zera, chèf Etyopyen an.

I. **Tou dabò an nou wè za m misye genyen:**
   Li vin atake Izrayèl ak yon lame ki genyen yon milyon solda ak 300 cha. 2Istwa.14 : 8

II. **An nou wè kounyeya ti zam Aza, wa Jida a.**
    Li te genyen 300 mil solda kap mache a pye, ak 280 mil moun ki konn tire flèch. 2Istwa.14 :7

III. Ki jan taktik Aza te ye ?
1. Sòlda li yo te byen antrene.
   Li te bati anpil kasèn. 2Istwa.14 : 6
2. Vi èspirityèl pèp la te anòd:
   a. Yo te kraze tout badji, tout peristil, yo te kraze tout èstati yo ak tout zidòl. 2 Istwa.14 : 2
   b. Li odonen pèp la pou mete Pawòl Bondye a an pratik 2Istwa.14 : 3
   c. Kan li wè gwo danje menase l, li voye yon telegram bay Letènèl pou li renmèt li direksyon batay la. 2 Istwa.14 : 10

IV. Ki jan sa te soti ?
Letènèl pran batay la pou li. Li frape Etyopyen yo devan Aza e Jida 2Istwa.14 : 11
Bib la pa menm pale ankò de lame wa **Asa. Li rele yo** pèp ki pral ranmase pèpè apre batay la. 2Istwa.14 : 13

Pou fini
Kan pwoblèm yo twòp pou nou, sonje ke yo déjà anba zye Letènèl ak tout solisyon yo .

Kesyon

1. Ki jan Zera, chef lame Etyopyen te konsdere batay kont Jidaa?
   Li wè se yon batay li tou genyen san fòse

2. Pouki sa ?
   Paske li te gen plis moun ak plis zam pou l fè batay la kont wa Aza

3. Ki jan wa Aza te reyaji devan pwoblèm nan?
   a. Li konnen li te gen solda byen antrenen, menm si yo pa anpil.
   b. Li konnen ke li mete tout nasyon ap louvri bib
   c. Li konnen li pa pare pou li goumen ak yon nonm tankou Zera.
   d. Poutèt sa, li voye yon telegram bay Letènèl.

4. Ki jan Bondye rantre nan jwèt saa ?
   a. Li fè Etyopyen yo kaye devan Aza ak Jida
   b. Letènèl èsterminen yo.
   c. Aza ak pèp li tonbe nan ranmase pèpè.

Leson 7   Letènèl dejwe tout konplo

Tèks pou prepare leson an : Det. 29 :29 ; 2Wa. 6 : 1-23 ; Amos.3 :7

Vèsè pou li nan klas la : 2Wa.6 :8-14

Vèsè pou resite : Konsa tou, ou mèt sèten, Seyè a p'ap janm fè anyen san li pa fè pwofèt yo, moun k'ap sèvi l' yo, konnen. Amos 3 :7

Fason pou fè leson an : Diskou, konparezon, Kesyon

Bi leson an : Nap mete aksan sou otorite pwofèt Letènèl yo

Pou komanse

Puiske Bondye ap veye sou pitit li, li avèti yo de tout danje ki menase yo e anmenm tan, li dekouraje lènmi yo. Wa Siryen an pral pran kou pal nan bagay saa. Ki sa ki te rive l ?

I. Izrayèl te okouran de tout plan envazyon Siryen yo te pare.
1. Ki jan ? Bondye revele yo a pwofèt Elize. 2Wa.6 :12
    a. Wa Siri a fache. La menm li voye plizyè èskwad solda ak cha blende pou yo arete pwofèt la mennen l bay li. 2Wa.6 : 14
    b. Li pa konnen si yon pwofèt se yon moun ke Bondye pwoteje. Pwofèt la pa bezwen tout zam sa yo pou defann li. 2Wa.6 :16
    c. Sèlman pwofèt la gen yon sèvitè l yo te rele Geazi. Li te pè, tout trip li tap bouyi devan lame siryen an. Elize mande Bondye pou louvri zye misye pou fè l rete trankil. 2Wa.6 :15-17

d. Se lè saa li wè anlè a yon kòlonn chwal ak cha blende anwo nan syel la kap krache dife e ki kanpe toutotou pwofèt la.
   2Wa.6 : 15-17

II. Ki jan Bondye delivre pwofèt la
   1. Pwofèt Elize mande Bondye pou fè tout lame siryen an avèg.
   2Wa. 6 : 18
   2. Kounyeya se pwofèt Elize ki arete solda yo. 2Wa.6 :19
   3. Li Mennen yo bay wa Izrayèl la. 2Wa.6 :20
   4. Lè wa Izrayèl mande pwofèt ki sa li ta dwe fè, pwofèt la di l pou l bay yo manje e apre sa voye yo tounen lakay yo. 2Wa.6 :22-23
   Elize sanse pra rekomandasyon Kris la pou w bay lènmi ou manje.
   E depi lè sa, troup siryen yo fè rèspè yo, yo pa mete pye sou teritwa Izrayèl ankò. 2Wa.6 :23

Pou fini
Ou pa bezwen bat kò ou pou w konnen sa lènmi ap pare pou ou. Ou mèt pran pasyans. Apre Bondye fin bay ou viktwa sou yo, ou mèt te pare manje pou yo. Ou mè tann. Yo pral bezwen ou.

Kesyon

1. Ki sa wa Siri a pat konnen sou Izrayèl?
   a. Li pat konnen si Bondye te revele l tout bagay.
   b. Li pa konnen ke lap pèdi tan l kant lap fè konplo kont sèvitè Bondye.
   c. Li pat konnen ke letènèl pa kraponen devan lame siryen an
   d. Pou w pran tout yon lame pou voye arete yon sivil, se yon fason pou montre jan ou lach.

2. Ki moun ki te kranponen e pou ki rezon ?
   a. Geyazi , sèvitè pwofèt la.
   b. Li te pèdi lafwa.

3. Ki sa pwofèt la fè pou remonte l?
   a. Li mande Letènèl pou ouvri zye l.
   b. Li va wè ke yo byen pwoteje.

4. Ki jan Elize te soti nan pwoblèm nan ?
   a. Li mande Letènèl pou vegle zye tout lame a. Se pwofèt la kounyeya ki arete lame a pou mennen l bay wa Izrayèl la.
   b. Li mande wa Izrayèl la pou fè yo gras, bay yo manje, voye tounen la kay yo

5. Koman nou kap pran jès pwofèt la?
   Misye tankou yon disip Jezikri ki pèdi nan Ansyen Tèstaman.

Leson 8   Letènèl pwovoke advèsè a

Tèks pou prepare leson an : Joz.11 :20 ; Jij.6 :1-40 ; 7 :1-25 ; 8 :10 ; Sòm 46 :9-10 ; 140 :8

Vèsè pou li nan klas la : Jij.6 :11-16

Vèsè pou resite : Lè sa a, Seyè a bay Jedeyon lòd sa a, li di l': -Ale non. Avèk fòs kouraj ou genyen an, w'a delivre pèp Izrayèl la anba men moun peyi Madyan yo. Se mwen menm menm ki voye ou! Jij.6 :14

Fason pou fè leson an : Diskou, konparezon, Kesyon

Bi leson an : Montre ki jan Letènèl sèvi ak yon moun ki imb pou fè viktwa li manifèste.

Pou komanse
Anba yon gro solèy midi, nou wè Jedeyon kap ranmase danre pou sere l pou madyanit yo pa pran l. Lè Letènèl ap gade jès patriyotik saa, li blije desann pou medaye l ak yon ti diskou ki di konsa : « Letènèl avè w jenn ti chanpyon ». Gen lè li pral mande yon bagay a ti gason saa. Ki sal te ye menm?

I. Li mande l pou li konsakre l nèt a Bondye
   1. Dabò, li te asepte Letènèl an privé. Jij. 6 : 23
      a. Li bay Bondye yo ofrann pou montre ke lap adore Senyè a. Jij.6 :17-19
      b. Li bati yon otèl pou li tankou yon sin konsekrasyon a Letènèl.
         Jij.6 : 24

2. Kounyeya, li dwe rann temwayaj an piblik pou montre fwa l:
   a. Bondye mande l pou li vide atè otèl Baal la kote papa l konn fè vodou an, pou l mete otèl Letènèl la nan plas li. Jij.6 : 25-32
   b. Kan li fini, li va mete sakrifis Lètènèl ak olokòs la sou lotèl la.
   Jij. 6 : 25

II. E kounyeya, Bondye mande Jedeyon pou l bay li kont kote pou l kanpe pou l ka goumen kont lènmi an

1. Nan 32 mil solda Jedeyon vini avè l, Letènèl triye, li pran 300 sèlman pami yo. Se ak 300 sa yo Letènèl pral esterminen 120 mil filisten. Jij.7 : 1-7 ; 8 :10
2. Bondye bezwen kont èspas pou l kanpe:
   a. Pou l fè pi bèl ravaj nan kan lènmi an. Sòm.46 : 9-10
   b. Se yonn nan rezon, lè lap batay pou nou, li kouvri tèt nou pou nou pa wè, pou nou pa kranponnen. Sòm.140 :8

III. Ki erè nou komèt anpil fwa ?

1. Nou kwè nou gen dwa dikte Bondye sa pou l fè. Mat.6 : 10
2. Nou kwè nou dwe bay kout men si li pran tan pou l aji.
3. Nou kwè nou konnen lènmi nou. Poutan gen lenmi nou pafwa se si la menm ki anba vant nou an. (zanmi, paran nou, mari nou ou byen madanm nou).

4. Nou bliye ke Bondye konnen ki moun pou l frape, ki lè pou l frape, ki kote e koman pou l frape san li pa pran èd kay nou. Egz.14 :14

Pou fini

Apati de jodia, an nou livre nou nèt nan men Bondye, bay li yon chans pou se li menm ki mennen batay nou yo. Wa banm nouvèl !

Kesyon

1. Ki mo Letènèl di Jedeyon pou ankouraje l?
   Li dil : Letènèl avè w vanyan chanpyon!

2. Ki te premye jès li a Letènèl ?
   a. Li prezante l yon ofrann.
   b. Li bati yon otèl pou Letènèl.

3. Ki sa li te premye mande Jedeyon?
   a. Menm si ou rann temwayaj pou mwen an prive, ou pral rann temwayaj pou mwen en piblik:
   b. Ou pral kraze badji Baal kote papa w ap fè bokò chak jou a.
   c. Nan plas li ou pral monte yon otèl pou mwen e wa mete sakrifis ak olokòs sou li pou mwen

4. Ki sa li te mande Jedeyon an dezyèm?
   a. Li dwe rasanble yon lame pou l al konbat madyanit yo.
   b. Nan 32 mil moun ki enskri se 300 sèlman lap pran

5. Pouki sa li redui kantite a ?
    a. Bondye ap bezwen espas pou l goumen
    b. Li santi l gen yon jan barase lè gen twòp moun.
    c. Lènmi an dwe pou konprann ke si l pèdi, se Bondye sèl ki te kale l.

Leson 9   Nap èspere yon lòt Maten Litè pou Legliz yo

Pou komanse
Tèks pou prepare leson an : Sòm119 :9-16 ; Jer. 23 :28-29 ; 29 :28 ; Rom.13 :13-14 ; Ef.5 :14 ; Rev.22 :20
Vèsè pou li nan klas la : Sòm.119 :9-16
Vèsè pou resite : Mwen sere pawòl ou yo nan kè mwen, pou m' pa fè peche kont ou. Sòm.119 : 11
Fason pou fè leson an : Diskou, konparezon, Kesyon
Bi leson an : Mete sou konsyans kretyen yo lide ke Kris gen pou l retounen

Pou komanse
Pa manke gwo envansyon kap fèt nan tan nou ye la. Nou wè monn nan ap fè gran pa. Poutan lòm ap fè bak. Ki sak pase l e ki depase l?

I. Lap gade yon sèl kote:
Li wè espas la, monn nan ak tout bagay pou tante l. Li bliye gade sa kap pase nan kè l pou l pran swen nanm li.
- a.   Nan tan lontan, jenn ti moun yo te konn resite pa kè Sòm 119, Sèmon Jezi sou montay la, nou vle di Matye chapit 5 a chapit 7.
- b.   Kretyen te konn sèvi ak pwodui natirèl pou fè twalèt yo.
- c.   Se jenn ak priye ki te anbyans yo.

II. **Kounyeya, anpil kretyen ap mele pay diri ak diri.** Jer. 23 :28
   1. Yo fè tankou nan tan pwofèt Jeremi. Zorèy yo louvri konsa pou yo tande reelasyon ak vizyon moun fòje.
      a. Nan menm tan saa yo bliye koute Pawòl Bondye a.
         Jer. 23 : 25-29
      b. Yo depanse kòb yo kay chalatan e yo refize kontribye nomalman nan Legliz.
   2. Yo tonbe nan sipèstisyon san yo pa konnen.
   3. Poutan Pawòl la li menm ,li frape konsyans ou tankou yon mato. Li tankou yon dife ki la pou brile tout vis nan ou , pou vi w kapab sanktifye

III. **Ki sa Legliz bezwen jodia:**
   1. Legliz bezwen yon pèsekisyon pou l reveye nan somèy èspirityèl li a. Ef.5 :14
   2. Legliz bezwen depouye de tout move mès le monn ki anvayi l, pou li kap retounen abiye l ak Kris, la tètopye. Rmo. 13 :13-14
   3. Legliz bezwen yon lòt Maten Litè pou sonnen kleron yon lòt Refòm , pou avèti kretyen yo ke Kris pa lwen pou l vini. Rev.22 :20

Pou fini
Egliz Jezi-Kri, li lè, li tan pou nou pran Bondye oserye. Bat pou nou serye.

Kesyon

1. Ki jan lòm ap viv jodia ?
   Li wè espas la, li pa wè nanm li ki bezwen sove.

2. Ki jan kretyen yo te viv nan tan lontan ?
   a. Yo te konn resite de tèt kantite pasaj nan bib la.
   b. Yo te renonse a tout bagay ki fo.
   c. Tout plezi yo se te ale nan jèn ak la priyè.

3. Ki jan yap viv jodia?
   a. Yo louvri zorèy yo pou koute vizyon ak revelasyon moun fòje pou tronpe yo.
   b. Yo pa vle vini nan Etid biblik pou etidye Pawòl Bondye.
   c. Yo vin kwè nan sipèstisyon

4. Ki sa Legliz bezwen jodia?
   a. Yon gwo pèsekisyon pou reveye l
   b. Yon depouyman de tout zèv lemonn yap pratike
   c. Yon lidè èsprityèl tankou Maten Litè pou avèti yo ke Jezi pa lwen pou l retounen.

Leson 10 Fèt rekonesans a Bondye

Tèks pou prepare leson an : Egz.23 :14-19 ; Det.16 :16 ; 1Wa.9 :25 ; Est.9 :22 ; Sòm100 : 1-5 ; 2Kor.9 :7 ; Fil.4 :4 ; Ebe.12 :28
Vèsè pou li nan klas la : Sòm.100 : 1-5
Vèsè pou resite : Antre nan tanp li, di l' mèsi! Antre kote ki apa pou li a, chante pou li! Wi, fè lwanj li, di l' mèsi! Sòm.100 : 4
Fason pou fè leson an : Diskou, konparezon, Kesyon
Bi leson an : Ankouraje kretyen yo pou fè fèt rekonesans a Bondye.
Pou komanse
Letènèl renmen fêt. Ou pat konn sa? Li odonen Izrayèl pou fè fèt pou li. Li patisipe nan fèt yo. Ki bèl bagay sa kant syèl la desann pou patisipe nan fèt nou ?

I. Bondye rejwi omilye pèp li.
1. Li egzije Izrayèl pou l fè 3 fèt pou li chak ane. Egz. 23 : 14
    a. Fèt pen san lèdven pou fète delivrans yo nan eskalvaj nan peyi Lejip. Egz.23 : 15
    b. Fèt mwason ak fèt premye donn nan jaden yo. Egz.23 :16
    c. Fèt mwason chak fen lane. Egz.23 :16
2. Salomon fete fèt sa yo 3 fwa chak lane. 1Wa.9 :25
    Nan tout fèt sa yo, Letènèl egzije Izrayèl pou pèson pa parèt devan l ak de men w pann. Egz.23 :15 ; Det. 16 :16

II. **Bondye renmen wè lè pèp li ap fete.**
 1. Ou pa bezwen jennen pou w vini ak kè kontan nan prezans li. Se pèp li nou ye. Se nan patiraj li nou manje. Sòm.100 :1
 2. Apòt Pòl ap plede di kretyen Filip yo pou yo rejwi nan Senyè a Fil.4 :4
 Bondye pran plezi li nan sa.
 Kan kretyen an kontan :
 a. Se lè saa li adore Bondye ak yon kè ki gen rekonesans. Li adore ak krentif. Li preske rete nan legliz. Eb.12 :28
 b. Li kontribye pi byen. 2Kor.9 :7
 c. Li ede moun pòv ononde Jezi. Este.9 :22

Pou fini

Kretyen, kant nap fè fèt nou yo, sonje mande Bondye sin ke li asepte fèt nou yo. Si li pa reponn, konfòme nou nan lòt depi kounyeya.

Kesyon

1. Pouki sa nou di ke Letènèl renmen fèt ?
   a. Li mande pitit Izrayèl pou yo fete l.
   b. Li renmen rejwi nan mitan pèp li.
   c. Li renmen wè pèp li kontan.

2. Ki sa fèt pen san lèdven fè yo sonje ?
   Delivrans anba èsklavaj nan peyi Lejip

3. Ki sa apòt Pòl te mande kretyen Legliz Filip yo ?
   Pou yo fè kè yo kontan nan Levanjil la

4. Ki sa kap pase kan yon kretyen kontan ?
   a. Li adore Bondye ak plis krent.
   b. Lli kontribye plis
   c. Li ede pòv yo onon de Jezi.

5. Konbyen fwa wa Salomon fete fèt saa ? Twa fwa chak ane.

Leson 11 Ki sa la Bib pa andeye nou

Tèks pou prepare leson an : De.23 :15-16 ; No.12 : 8-15 ; Je.13 :23a ; Mat. 11 :28 ; 28 :20 ; Lik.5 :1-11 ; 15 :16-17 ; Ac.3 :19-20 ; 5 :41 ; He.3 :12 ; 4 :2 ; 9 :27 ; 1Kor.7 :17-24

Vèsè pou li nan klas la : Lik.5 :1-11

Vèsè pou resite : Si ou te esklav lè Bondye te rele ou la, pa chaje tèt ou pou sa. Men, si chans pou ou ou ka vin lib, pwofite chans lan.**1Kor.7 :21**

Fason pou fè leson an : Diskou, konparezon, Kesyon

Bi leson an : Konbat move opinyon lèzòm sou bib la

Pou komanse
Jodya nou vin mande w pou w pran gad ou ak moun ki lènmi Bib la. Nap kite bib la menm defann tèt li.

I. Yo di nap preche rezinyasyon
   Bib la pa ansenye nou rezinyasyon :
1. Pyè ak matlòt li yo te pral reziye yo apre yo te fin pase tout lan nwit la pèch san yo pat pran anyen. « Jezi parèt, li di yo pouse pou pi devan, rantre nan dlo a kote ki pi fon an, se la na jete filè yo ». **Kote rezinyasyon an ?** Mat.28 :20 ; Lik.5 : 4-11
2. Kan tribinal jwif la mande apòt yo pou yo sispann nonmen non Jezi nan bouch yo, yo te pito pran prizon ak baton tan pou yo te fèmen bouch yo. **Kote rezinyasyon an ?** Tra.3 :19-20 ; 5 :41

3. Nan tan yo tap viv la, jwif yo te ap viv anba kolon romen yo. Bib la te ankouraje esklav pou yo profite mwayen ki legal pou yo soti nan esklavaj la. Se Bib la ki di l ! Det. 23 :15-16 ; 1Kor.7 :21
   Kote rezinyasyon an ? Pa gen sa pyès !

II. Bib la pa anseye nou prejije koulè

Arawon ak Mari ki te gran frè ak gran sè Moyiz. Yo tap kritike misye paske li te marye ak yo fanm nwa. Bondye pini Mari ki te pi cho nan koze saa ak yon lèp ki fè li vin blanch tankou koton. Res.12 :8-15; Jer.13 :23a

III. Bibl la pa pale de yon dezyèm chans apre la mò.

Bondye bay nou de (2) chans nou kap pwofite kant nou sou tè a

1. Premyè chans la se envitashyon li fè nou pou nou konvèti.
   Mat. 11 :28
2. Dezyèm chans la se eprèv li voye sou w pou oblije w pran de sizyon pou w repanti.
   Lik .15 :16-17
3. Twazyèm chans la apre lamò LI PA EGZISTE. Eb. 9 :27
   Se sèlman jijman kap tann moun ki tap fè tèt di ak moun ki fè èspre vini anreta yo. Eb. 3 :12 ; 4 : 2

Pou fini
Bat pou nou pa vini anreta kan Pòt la Gras déjà fèmen. Dènye tikè pou la Vi etènèl ap tann ou isit kounyeya. Vin reklame l nan pye Bwa Kalvè a. Eb. 4 :1

Kesyon

1. Di nou 3 doktrin ki pa biblik
   Rezinyasyon, diskriminasyon, yon twazyèm chans apre ou mouri.

2. Ki jan Pye te reaji devan lòd tribinal la ?
   Li te pito dezobeyi otorite yo olye ke li te reziye l.

3. Eske Bondye dakò ak esklavaj? Non. Depi nan Ansyen Testaman, moun pat janm asepte reziye viv nan esklavaj .

4. Ki jan de pinisyon Bondye te bay Sè Moyiz la pou prejije koulè l?
   Bondye frape l ak yon lèp, fè l vin blanch tankou koton.

5. Ki sa la bib di de yon lòt chans apre ou mouri ?
   a. Chans saa pa egziste ditou
   b. Se jijman kap tann moun tèt di yo ak moun ki fè espre rive anreta.

Leson 12 Jezi, yon Sovè pou tout moun

Tèks pou prepare leson an : Det.25 : 5-10 ; Rit (tout liv la) ; Jan.3 :16 ; 1Kor.6 :19-20
Vèsè pou li nan klas la : Rit 4 :13-17
Vèsè pou resite : Se pou ou vin rich anpil nan branch fanmi Efrat la. Se pou ou gen bon repitasyon nan lavil Betleyèm.Rit.4 : 11b
Fason pou fè leson an : Diskou, konparezon, Kesyon
Bi leson an : Montre ke Jezi te prevwa nan li menm ki jan pou l sove payen yo.

Pou komanse
Eske nou janm konnen ke gen payen ki te pami zansèt Jezi-Kri ? Gade :

I. Rit te yon fanm nan peyi Moab. Li tap adore Kemosh. Li te vin marye ak yon jwif yo rele Boaz , moun nan peyi Betleyèm, nan Jida. Ki jan ?
Rit te marye déjà ak yon jwif yo reke Maklon ki mouri. Men dapre Lwa jwif la, si frè ou mouri, se ou menm ki answit frè ou ki pou marye ak vèv la si dèfen an pat gen pitit. Se te yon fason pou konseve non dèfen an nan eritaj li e se tou yon fason pou vèv la genyen de kwa pou l viv.
Det. 25 :5-10

1. Men moun nan ki te gen dwa pour rachte non defen an avan Boaz, di li renonse a kontra sa paske li pa vle detri eritaj pal. Rit 4 : 6
2. Setalò ke Boaz ofri tèt li pou li achte byen dèfen an e pou li konsanti marye ak Rit. Rit.4 :9

3. Sa sanble ak Kris ki peye yon gwo pri pou rachte nou, pou l fè pou nou sa la lwa pat kapab fè I Kor.6.19, 20
Se nan maryaj sa Obed ,zansèt David ak Jezikri te soti.. Rit.4 :17

II. Pouki sa té fèt konsa ?

1. Se paske Kris te dwe fèt nan Bètleyèm nan teritwa Jida dapre profesi ki te fèt sou li depi 800 lane pase.Mich.5 :1
2. Jezi te bezwen yon echantiyon san nan tout ras pechè yo , konsa li ta va yon donè inivèsèl. Jan.3 :16
3. Boaz se yon potre Jezi-Kri ki vin pou rachte nou kant Lwa Moyiz la pat kapab. Rit 4 : 8-10
4. Ansyen yo menm profetize sou Rit pou li devni yon zansèt Jezi-Kris. Rit.4 : 11

Pou fini

Nap priye pou profesi Bondye akonpli sou ou nan Diaspora a. Sèlman ret fidèl e rete tann.

Kesyon

1. Ki moun Boaz te ye?
   Yon nonm rich nan peyi Bètleyèm Efrata
   a. Li te marye ak Rit yon fanm Moabit. Rit te vèv a yon jwif yo te rele Maklon
   b. Li te kalifye an dezyem pou eritye defen an.

2. Ki moun Obèd te ye ?
   a. Se piti Boaz ak Rit
   b. Se te yon zansèt David ak Jezi-Kri

3. Nan ki relijyon Rit te ye avan ? Li t ap adore Kemòch ki dye moabit yo

4. Ki sa Lwa Levira te egzije?
   Frè a ki vini apre defen an dwe marye a vèv defen an si li pat kite pitit.

5. Pouki rezon sa te fèt konsa ?
   a. Se te pou konsève non defen an
   b. Se te tou pou asire yon pen pou vèv la.

6. Ki jan Boaz te fè pou se li ki rachte propyete Elimelèk ak pitit li yo ?
   Paske moun nan ki te gen dwa rachte avan li , te renonse a dwa saa.

7. Ki sa Boaz senbolize ?
   Li senbolize Jezikri ki vin rachte nou pandan ke Lwa Moyiz la pat kapab.

8. Ki pwofèt te predi kote Jezi pral fèt e nan ki ane li te fè profesi saa ? Profèt Miche, 800 lane avan Kris te fèt

Lis vèsè yo

Leson 1
Yo p'ap ka wete kòmandman an nan men Jida. Non. Baton kòmandman an p'ap soti nan mitan janm li, jouk tan moun tout pèp sou latè pral obeyi a va vini. Jenez 49 :10

Leson 2
Zanj Bondye ki t'ap mache devan moun pèp Izrayèl yo chanje plas, li pase dèyè. Nwaj ki te devan yo a chanje plas tou, li pase dèyè yo. Egz.14 :19

Leson 3
Paske se Seyè a ki tout espwa ou. Li p'ap kite ou pran nan pèlen. Pwo.3 :26

Leson 4
Lèfini, li di: -Tankou yon lavalas, Seyè a pase, li louvri yon pasaj pou mwen nan mitan lènmi m' yo. Se poutèt sa yo rele kote sa a Baal Perazim. 2S.5 :20b

Leson 5
Wi, tout moun ki sanble isit la a va wè Bondye pa bezwen ni nepe ni frenn pou delivre pèp li a. Batay la rele l' pa l'. Se li menm ki pral lage tout moun Filisti yo nan men pèp Izrayèl la.1S.17 : 47

Leson 6
Seyè, se ou menm ki Bondye nou. Fè wè pesonn pa ka kenbe tèt avè ou! 2Ch.14 :10

Leson 7
Konsa tou, ou mèt sèten, Seyè a p'ap janm fè anyen san li pa fè pwofèt yo, moun k'ap sèvi l' yo, konnen. Amos 3 :7

Leson 8
Lè sa a, Seyè a bay Jedeyon lòd sa a, li di l': -Ale non. Avèk fòs kouraj ou genyen an, w'a delivre pèp Izrayèl la anba men moun peyi Madyan yo. Se mwen menm menm ki voye ou! Jg.6 :14

Leson 9
Mwen sere pawòl ou yo nan kè mwen, pou m' pa fè peche kont ou. Sòm119 : 11

Leson 10
Antre nan tanp li, di l' mèsi! Antre kote ki apa pou li a, chante pou li! Wi, fè lwanj li, di l' mèsi! Sòm100 : 4

Leson 11
Si ou te esklav lè Bondye te rele ou la, pa chaje tèt ou pou sa. Men, si chans pou ou ou ka vin lib, pwofite chans lan. 1Kor.7 :21

Leson 12
Se pou ou vin rich anpil nan branch fanmi Efrat la. Se pou ou gen bon repitasyon nan lavil Betleyèm. Rit.4 : 11B

Evalyasyon Pèsonèl

1. Ki pwen nan seri leson yo ki te pi touche w ?
   _____

2. Ki sa ou jwen nan li
   a. Pou tèt pa w ?
   _____
   b. Pou fanmiy w ?
   _____
   c. Pou Legliz w ?
   _____
   d. Pou peyi w ?
   _____

3. Ki desizyon ou vle pran imedyatman apre klas la ?
   _____

4. Men sijesyon, mwen (Untel), me sijesyon mwen pou Lekòl dimanch nan Legliz mwen :
   a._____
   b._____
   c._____

5. Kesyon pou w reponn a tèt ou sèlman
   a. Ki sa mwen vo pou Legliz la depi mwen la ?
   b. Ki sa mwen vle fè pou li vin pi miyò ?
   c. Si Jezi vini kounyeya, eske m pap wont akòz jan de fwi yo mwen kap prezante l ?

Lis sijè yo

Dife 16 Seri 1 Mistè ki genyen nan Kwaa 4
Avangou 5
Leson 1 Kwaa se katdidantite yon kretyen 6
Leson 2 La kwaa se katdidantite yon kretyen (rès la).. 9
Leson 3 Lakwaa tankou yon pon ant syèl la ak tè a 11
Leson 4 Lakwaa tankou yon nepe pou bay viktwa .. 14
Leson 5 Kwaa tankou siy ki bay viktwa 17
Leson 6 Kwaa se tankou yon siy pou fè adisyon 20
Leson 7 Kwaa, tankou yon siy miltiplikasyon 22
Leson 8 Lakwaa pou sove moun, se tankou yon avilisman pou jwif yo 25
Leson 9 Zafè pale de kwa pou sove moun, payen yo te pran sa pou bagay moun fou 28
Leson 10 La kwaa yon siy imilyasyon 31
Leson 11 Sa ki te dwe pase kan menm avan pou Kris te resisite 34
Leson 12 Pouvwa mistè ki gen nan rezireksyon Kris la 37
Lis vèsè yo 40
Dife 16 Seri 2 Temwen Jezikri 43
Avangou 44
Leson 1 Ki moun ki temwen Jezi- a? 45
Leson 2 Ki kondisyon pou yon moun ka temwen .. 48
Leson 3 Prèv ke yon temwen kalifye 51
Leson 4 Ki danje ki menase yon temwen 54

Leson 5   Ki sa ki kap rive san swate lè ou fin temwaye 57

Leson 6   Kote Temwen an kanpe 60

Leson 7   Ki kote Kris kanpe lè nou ap rann temwayaj 63

Leson 8   Nan ki bi temwen an rann temwayaj 66

Leson 9   Yon kantite temwen nou pa ka konte 69

Leson 10   Rekonpans pou temwen yo 73

Leson 11   Fè levasyon pitit ou tankou li te yon pitit wa 76

Leson 12   Fè levasyon pitit ou tankou li te yon pitit wa (swit la) 79

Dife 16-Seri 3 Benediksyon Bondye yo ak tout kondisyon yo 87

Avangou 88

Leson 1   Salomon kap pwoche benediksyon Bondye. 89

Leson 2   Ki jan Letènèl te apresye jès wa Salomon an 92

Leson 3   Izrayèl pitit lejitim Letènèl 95

Leson 4   Si pèp mwen an imilye l 98

Leson 5   Si pèp mwen an priye… 101

Leson 6   Si pèp mwen an chèche m ankò… 104

Leson 7   Si pèp mwen vire do bay vye peche yo tap fè yo… 107

Leson 8   Map tande yo nan syèl kote m ye a… 110

Leson 9   Map padonen péché yo… 113

Leson 10   M ap fè peyi a kanpe ankò 116
Leson 11   Ma resi louvri zyem… 119
Leson 12   Ki jan istwa wa Salomon an te fini ? 122
Lis vèsè yo 125
Dife 16- Seri 4 Letènèl, Chèf lame pèson moun pa kap bat 128
Leson 1   Bondye kanpe vizavi lènmi an. 129
Leson 2   Letènèl Bondye oganize plan batay nou yo. 132
Leson 3   Bondye pa pran nan kout sipriz 135
Leson 4   Letènèl menm ranje plan batay nou 138
Leson 5   Bondye parèt kant nou anafè ak yon grenn moun 141
Leson 6   Kantite lènmi ou pa kraponnen Letènèl .. 144
Leson 7   Letènèl dejwe tout konplo 147
Leson 8   Letènèl pwovoke advèsè a 150
Leson 9   Nap èspere yon lòt Maten Litè pou Legliz yo 154
Leson 10   Fèt rekonesans a Bondye 157
Leson 11   Ki sa la Bib pa andeye nou 160
Leson 12   Jezi, yon Sovè pou tout moun 163
Lis vèsè yo 166
Evalyasyon Pèsonèl 168

Ti detay sou vi Pastè Renaut Pierre-Louis

Pastè nan Legliz Batis Saint Raphael,	1969
Diplômen nan Teoloji nan Seminè Batis Limbe,	1970
Diplômen nan Lekòl kontablite Julien Craan	1972
Pwofesè Angle ak Panyòl nan Collège Pratique du Nord au Cap-Haitien,	1972
Pastè nan Premye Legliz Batis nan Cap-Haitien,	1972
Pastè nan Legliz Batis Redford, Cité Sainte Philomène,	1976
Diplômen nan Lekòl Avoka au Cap-Haitien Fondatè Collège Redford ak l'Ecole Professionnelle ESVOTEC,	1980
Pastè Legliz Batis Emmaüs à Fort Lauderdale	1994
Pastè nan Legliz Batis Péniel à Fort Lauderdale	1996

Pastè pandan senkantan (50), Avoka, Poèt, Ekriven, Konpozitè Teyat, li jwe teyat Jodia sèvitè Bondye sa pote pou nou « ***Dife Tèt Chaje a***». Se yon liv pou enstri nou. Li gen gwo koze nan teoloji ladan. Li déjà fè gwo chanjman nan fason pou anseye nan Lekòl Dimanch e nan fason pou nou prezante mesaj Pawòl Bondye a.

Pastè yo, predikatè yo, monitè yo, kretyen ki gen zye klere yo, tanpri, pran "***Dife Tèt Chaje a***". Kan w fini, pase l bay yon lòt. 2 Tim. 2:2

Pastè Renaut Pierre-Louis

www.ingramcontent.com/pod-product-compliance
Lightning Source LLC
Chambersburg PA
CBHW052135110526
44591CB00012B/1731